Cornelia Adam

Brunch

Fotos: Riki Breu
Illustrationen: Irmgard Hesse

Überraschen Sie Ihre Freunde mit unkomplizierten Gerichten, die Sie im Handumdrehen aus Ihren Vorräten zaubern können: Hähnchensalat mit Aprikosen, würzige Brotaufstriche, knusprige Blätterteigschnecken, Salami-Carpaccio mit Pilzen, Eier-Tatar und Mascarpone-Kirsch-Torte. Tips, wie Sie das spielend schaffen und weitere Blitzrezepte auf den Seiten 18/19.

Sommersonne – Festtagslaune: Decken Sie den Tisch für Ihre Gäste im Freien. Mit leichten Gerichten, die sich gut vorbereiten lassen: Kasseler-Kräuter-Sülze, gefüllte Putenröllchen, Brötchenrosette und Beerenquark. Auf den Seiten 34/35 Tips zu Organisation und Deko.

Machen Sie den Sonntag zum Familientag – versammeln Sie alle zum gemütlichen Brunch. Hackfleischpastete und Teigtäschchen schmecken groß und klein. Was Ihre Familie noch erfreut, und wie Sie den Tisch schön schmücken, steht auf den Seiten 50/51.

Für Feste ist ein eleganter Brunch am späten Vormittag ideal. Verwöhnen Sie Ihre Gäste mit Schinken-Terrine, grüner Spargelcremesuppe mit Lachsklößchen, knusprigen Sesam-Zöpfchen, Salat aus Garnelen und Limettentörtchen. Die Gerichte lassen sich vorbereiten und auf einem Buffet arrangieren. Wie Sie das alles perfekt organisieren und was sonst noch dazu gehört, steht auf den Seiten 64/65.

In vielen Hotels ist es der absolute Hit: das ausgedehnte Frühstück nach amerikanischer Art, kurz Brunch genannt. Entstanden sind Brauch und Wort aus der Verbindung von breakfast (Frühstück) und lunch (Mittagessen). Ein Brunch darf sich deshalb bis in den späten Nachmittag ausdehnen. Und das kann man natürlich auch zu Hause genießen.
Die schönsten Rezepte und Ideen für so ein Super-Frühstück haben wir für Sie zusammengestellt, für jeden Anlaß ist etwas dabei: ob ganz spontan mit netten Freunden, vergnügt im Freien, gemütlich im Kreis der Familie, nobel, wenn's was zu feiern gibt, genüßlich zu zweit, typisch amerikanisch oder mit Spezialitäten aus Europa.
Dazu gibt es jede Menge Tips zur Organisation, Dekorationsvorschläge und kleine Extras, die das Brunch-Vergnügen perfekt machen. Und alles, was Sie über die Mengenplanung wissen müssen, finden Sie auf Seite 108.
Wir wünschen Ihnen gutes Gelingen und viel Spaß dabei!

Spontan in netter Runde

Es geht auch ohne lange Planung und Vorbereitung: Laden Sie Ihre Freunde an einem Sonntag-Vormittag zu einem improvisierten späten Frühstück ein. Was man dazu braucht? Einen kleinen Vorrat und ein paar witzige Rezeptideen, die sich schnell und unkompliziert verwirklichen lassen. Mit köstlichen Aufstrichen, Gebäck, Hähnchensalat und einer überraschend einfachen Mascarpone-Kirsch-Torte werden Sie Ihre Gäste zum Staunen bringen. Mit den Gerichten bekommen Sie spielend sechs bis acht Personen satt. Sollten Ihre Vorräte nicht ausreichen, darf jeder etwas mitbringen.

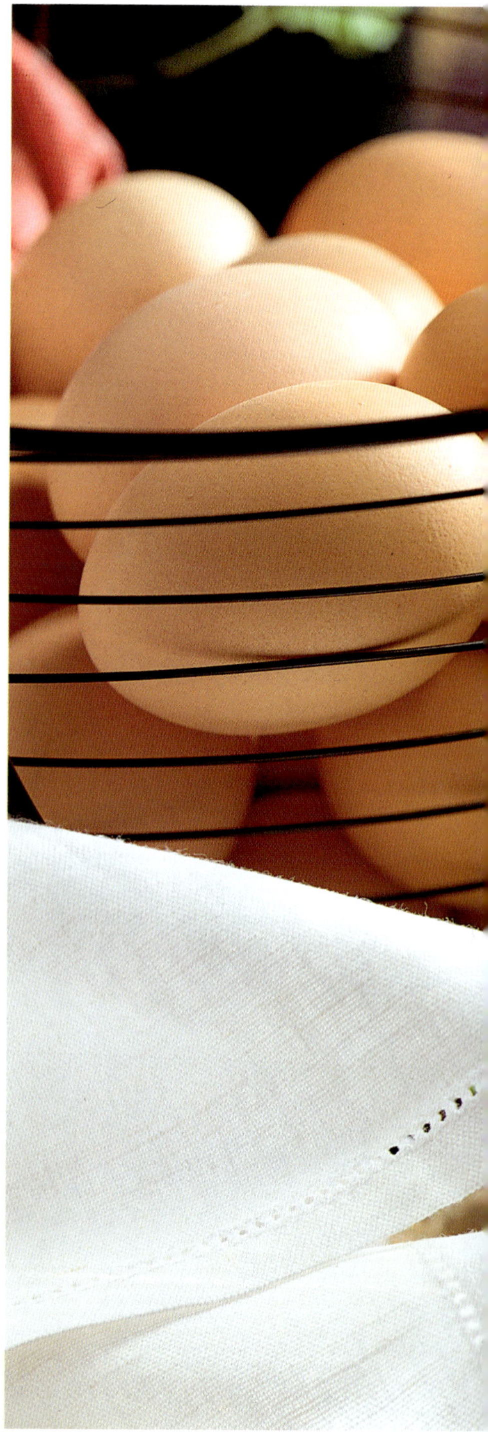

Hähnchensalat mit Aprikosen

Raffiniert

Zutaten für 6–8 Personen:

200 g frische oder getrocknete ungeschwefelte Aprikosen
4 halbe gegrillte Hähnchen
150 g tiefgekühlte Erbsen
Salz
1 Bund Petersilie
150 g Crème fraîche
150 g Joghurt (3,5 % Fett)
Saft von 1/2 Zitrone
2 Teel. Currypulver
schwarzer Pfeffer, frisch gemahlen

Zubereitungszeit:
etwa 40 Minuten

Haltbarkeit:
zugedeckt im Kühlschrank 1 Tag

1 Getrocknete Aprikosen in eine kleine Schüssel geben, mit Wasser bedecken und etwa 10 Minuten ziehen lassen.

2 Die Grillhähnchen häuten. Das Fleisch von den Knochen lösen, kleinschneiden und in eine Schüssel füllen.

3 Die Erbsen in kochendem Salzwasser etwa 2 Minuten blanchieren, in ein Sieb abgießen, eiskalt abschrecken und gut abtropfen lassen.

4 Getrocknete Aprikosen abgießen. Frische Aprikosen waschen und entsteinen. Die Früchte kleinschneiden. Mit den Erbsen zu dem Hähnchenfleisch in die Schüssel füllen.

5 Die Petersilie waschen, die Blättchen abzupfen, fein hacken und dazugeben.

6 Die Crème fraîche mit dem Joghurt verrühren. Zitronensaft und Curry untermischen. Die Sauce mit Salz und Pfeffer würzen. Über die Zutaten in der Schüssel gießen und alles gut mischen. Den Hähnchensalat, falls nötig, mit Salz und Pfeffer nachwürzen.

Varianten

Statt der Aprikosen können Sie auch entsteinte getrocknete Kurpflaumen oder andere frische Früchte wie Bananen, Ananas, Mangos, Pfirsiche oder Nektarinen verwenden.

Je nach Vorrat können Sie die Erbsen durch 1 geschälte, klein gewürfelte Salatgurke, 2 gewürfelte Zucchini oder 1 in feine Ringe geschnittene und blanchierte Lauchstange ersetzen.

Grillhähnchen bekommen Sie heute fast überall rund um die Uhr. Statt dessen können Sie aber auch 500 g Puten- oder Kalbsschnitzel in schmale Streifen schneiden, in heißer Butter rundum kräftig anbraten und mit Salz und Pfeffer kräftig würzen.

Varianten

Mettwurstaufstrich:
Auch aus Mettwurst können Sie auf die Schnelle einen raffinierten Aufstrich mischen. Dafür 1 Eßlöffel Kapern oder grüne, eingelegte Pfefferkörner abtropfen lassen und fein hacken. Mit 1 Teelöffel Senf und 1 Eßlöffel Sahne gründlich unter die Mettwurst mischen.

Avocado-Frischkäse-Aufstrich:
1 reife Avocado halbieren, den Kern herausnehmen und das Fruchtfleisch mit einem Teelöffel aus der Schale lösen. Sofort mit Zitronensaft beträufeln, damit es sich nicht dunkel färbt, und mit einer Gabel fein zerdrücken.
1 kleine Zwiebel schälen und fein hacken. Mit 100 g Doppelrahm-Frischkäse unter die Avocado mischen. 1 Knoblauchzehe schälen und dazupressen. Alles gut mischen und mit Salz, Pfeffer und Cayennepfeffer kräftig würzen. Nach Belieben noch 1/2 Bund frischen Koriander oder frische Petersilie fein hacken und unter die Creme heben.

1 Für die Lebercreme die Kalbsleberwurst pellen und mit der sauren Sahne in eine Schüssel füllen. Die Leberwurst mit einer Gabel zerdrücken und dabei mit der sauren Sahne gut mischen.

2 Den Knoblauch schälen und dazupressen. Die Creme mit dem Thymian und dem Oregano, Salz und Pfeffer kräftig würzen.

3 Das Basilikum waschen. Die Blättchen abzupfen und zwei besonders schöne beiseite legen. Die restlichen fein hacken und unter die Lebercreme mischen. Die Creme in eine kleine Schüssel füllen und mit den Basilikumblättchen garnieren.

4 Für den Sardinenaufstrich die Sardinen abtropfen lassen und mit einer Gabel fein zerdrücken. Die Zwiebel schälen, fein hacken und dazugeben.

5 Die Petersilie waschen. Einige Blättchen zum Garnieren beiseite legen, die restlichen abzupfen, fein hacken und mit dem Tomatenmark und dem Meerrettich unter die Sardinen mischen. Mit Salz, Pfeffer und Zitronensaft abschmecken und bis zum Servieren kalt stellen. Mit den Petersilienblättchen garnieren.

Schnell

Zutaten für 6–8 Personen:

Lebercreme
300 g Kalbsleberwurst
2–3 Eßl. saure Sahne
2–3 Knoblauchzehen
1 Teel. getrockneter Thymian
1 Teel. getrocknter Oregano
Salz
schwarzer Pfeffer, frisch gemahlen
1 Bund Basilikum

Sardinenaufstrich
3 Dosen Ölsardinen (ohne Haut und Gräten; Abtropfgewicht je 90 g)
1 kleine Zwiebel
1 Bund Petersilie
1 Eßl. Tomatenmark
1 Teel. geriebener Meerrettich (aus dem Glas)
Salz
schwarzer Pfeffer, frisch gemahlen
etwas Zitronensaft

Zubereitungszeit:
etwa 25 Minuten

Haltbarkeit:
in einem Schraubglas im Kühlschrank bis zu 3 Tagen

Schnell • Preiswert

Zutaten für 24 Stück:

450 g Tiefkühl-Blätterteig
200 g Emmentaler oder Gouda
4 Knoblauchzehen
3 Teel. getrockneter Oregano
Mehl für die Arbeitsfläche

Zubereitungszeit:
etwa 40 Minuten

1 Die Blätterteigplatten aus der Packung nehmen und nebeneinander auftauen lassen. Den Backofen auf 220° vorheizen.

2 Den Käse reiben und in eine Schüssel füllen. Den Knoblauch schälen und dazupressen. Den Oregano hinzufügen und alles vermischen.

3 Jeweils 3 Blätterteigplatten aufeinander legen und auf einer bemehlten Arbeitsfläche zu einem Rechteck von etwa 25 x 35 cm ausrollen. Die Käsemischung gleichmäßig auf den Rechtecken verteilen. Jede Platte von der Schmalseite her aufrollen. Jede Rolle in etwa zwölf gleich dicke Scheiben schneiden.

4 Ein Backblech mit kaltem Wasser abspülen (oder mit Backpapier auslegen) und die Blätterteigschnecken darauf setzen. Im Backofen (Mitte, Umluft 200°) in 15–20 Minuten goldbraun backen.

5 Die Blätterteigschnecken herausnehmen. Sie schmecken frisch aus dem Ofen am allerbesten, können aber auch lauwarm oder kalt serviert werden.

Varianten

Zwiebel-Speck-Schnecken:
200 g durchwachsenen Räucherspeck klein würfeln und in 2 Eßlöffeln Öl anbraten. 2 Zwiebeln schälen, fein hacken, dazugeben und weich dünsten. Die Zwiebel-Speck-Mischung etwas abkühlen lassen und auf dem Blätterteig verteilen. Den Teig aufrollen, in Scheiben schneiden und wie im Rezept beschrieben backen.

Käsestangen:
Die Blätterteigplatten aufeinanderlegen und auf einer bemehlten Arbeitsfläche etwa messerrückendick ausrollen. 2 Eigelbe verquirlen, die Teigplatte damit bestreichen, salzen und pfeffern. 250 g geriebenen Käse (Emmentaler oder Greyerzer) darüber streuen. Den Teig in etwa 2 cm breite Streifen schneiden und diese spiralförmig drehen. Backen wie im Rezept beschrieben.

Tip

Die Pilze können Sie etwa 30 Minuten vor dem Servieren vorbereiten und durchziehen lassen. Dann kurz vor dem Servieren auf der Salami verteilen.

Varianten

Anstatt Salami können Sie auch dünn geschnittenen Schinken, Bündnerfleisch, Mortadella, kalten Braten oder Roastbeefaufschnitt verwenden.

Kartoffel-Salami-Carpaccio:
Pro Person 1 große Kartoffel in etwa 30 Minuten weich kochen, pellen und in Scheiben schneiden. Die Kartoffelscheiben auf eine Platte legen und marinieren, sonst wie das Salami-Carpaccio mit Pilzen zubereiten.

Mozzarella-Carpaccio:
Dafür 2–3 Kugeln Mozzarella in dünne Scheiben schneiden und auf eine Platte legen. 1 kleine Zwiebel schälen und fein hacken. 3 Eßlöffel Olivenöl, den Saft 1/2 Zitrone, Salz und Pfeffer gut verrühren. Die Zwiebel untermischen. Den Knoblauch schälen und dazupressen. 1 kleines Bund Schnittlauch, Petersilie oder Basilikum fein hacken und untermischen. Die Sauce über den Mozzarella träufeln; das Carpaccio bis zum Servieren kalt stellen.

1 Die Champignons putzen, kurz unter fließendem Wasser abbrausen und in möglichst dünne Scheiben schneiden. Die Pilzscheiben sofort mit der Hälfte des Zitronensaftes beträufeln, damit sie sich nicht dunkel färben.

2 Das Olivenöl mit dem restlichen Zitronensaft, dem Aceto Balsamico, Salz und Pfeffer gut verrühren.

3 Den Schnittlauch waschen, kleinschneiden und unter die Sauce mischen. Die Pilzscheiben darin wenden.

4 Die Salamischeiben nebeneinander auf einer Platte auslegen. Die marinierten Pilze gleichmäßig darauf verteilen und mit Pfeffer grob übermahlen.

Schnell

Zutaten für 6–8 Personen:

250 g Champignons
Saft von 1 Zitrone
4 Eßl. Olivenöl
1 Schuß Aceto Balsamico (Balsamessig)
Salz
schwarzer Pfeffer, frisch gemahlen
1 Bund Schnittlauch
350 g Salami in dünnen Scheiben

Zubereitungszeit:
etwa 15 Minuten

Eier-Tatar

Variante

Würziger Quark:
Dafür 500 g Quark mit 2 Eßlöffeln Mineralwasser glattrühren und die im Rezept genannten Zutaten, ohne Eier und Mayonnaise, untermischen. Nach Belieben noch Knoblauch und Kräuter dazugeben.

Tip
Eier-Tatar und Quark sehen als Füllung in ausgehöhlten Tomaten oder in Paprikaschoten schön aus und schmecken besonders fein zu Pellkartoffeln.

1 Die Eier in etwa 10 Minuten hart kochen, eiskalt abschrecken, pellen und auskühlen lassen.

2 Die Zwiebel schälen, fein hacken und in eine Schüssel geben. Die Cornichons fein hacken und hinzufügen. Die Paprikaschote halbieren, vom Kerngehäuse befreien und waschen. Erst in schmale Streifen, dann in kleine Würfel schneiden und in die Schüssel geben.

3 Die Eier mit dem Eierschneider erst in Scheiben, dann in kleine Würfel schneiden. Falls Sie keinen Eierschneider haben, die Eier einfach mit einem Messer fein hacken.

4 Den Schnittlauch abbrausen und in kleine Röllchen schneiden. Mit den gehackten Eiern zu den übrigen Zutaten geben.

5 Mayonnaise und Meerrettich verrühren, mit Salz, Pfeffer und Cayennepfeffer würzen. Den Knoblauch schälen und dazupressen. Die Mayonnaise über das Eier-Tatar geben und alles gut mischen.

Gelingt leicht

Zutaten für 6–8 Personen:

6–8 Eier
1 mittelgroße Zwiebel
5 Cornichons
1 große rote Paprikaschote
1 Bund Schnittlauch
6 Eßl. Mayonnaise (aus dem Glas)
2 Teel. geriebener Meerrettich (aus dem Glas, ersatzweise
2 Teel. scharfer Senf)
Salz
weißer Pfeffer, frisch gemahlen
1 Msp. Cayennepfeffer
1 Knoblauchzehe

Zubereitungszeit:
etwa 20 Minuten

Haltbarkeit:
zugedeckt im Kühlschrank bis zu 2 Tagen

Schnell

Zutaten für 1 Torte (ergibt 12 Stücke):

1 dünner heller Biskuit-Tortenboden (Fertigprodukt)
4 cl Kirschwasser (ersatzweise Fruchtsaft)
1 Glas Sauerkirschen (370 g Abtropfgewicht)
500 g Mascarpone
2 Eßl. Crème fraîche
2 Eßl. Zucker
50 g gehackte Pistazien
Schokoraspeln zum Bestreuen

Zubereitungszeit:
etwa 15 Minuten

1 Den Biskuit-Tortenboden auf eine Tortenplatte legen und gleichmäßig mit dem Kirschwasser beträufeln.

2 Die Kirschen in ein Sieb geben und gut abtropfen lassen.

3 Den Mascarpone mit der Crème fraîche, dem Zucker und der Hälfte der Pistazien verrühren. Diese Creme gleichmäßig auf den Tortenboden streichen.

4 Die abgetropften Sauerkirschen darauf verteilen und mit den restlichen Pistazien bestreuen. Die Torte bis zum Servieren in den Kühlschrank stellen. Nach Belieben mit Schokoraspeln bestreuen.

Varianten

Die Pistazien können Sie durch gehackte Mandeln, Haselnüsse oder durch Kokosflocken ersetzen.

Anstelle der Kirschen können Sie auch Mandarinen oder Ananas aus der Dose verwenden.
Sehr gut schmeckt die Torte mit frischen Beeren. Die Beeren dafür kurz abbrausen und verlesen. Erdbeeren kleinschneiden. Die Beeren nach Geschmack mit etwas Zucker mischen und wie im Rezept beschrieben verwenden.

Bohnen-Mais-Salat
Kidneybohnen und Maiskörner (jeweils 1–2 kleine Dosen) in einem Sieb gut abtropfen lassen. Aus Essig, Öl, Senf, Salz, Pfeffer und zerdrückten Knoblauchzehen eine Sauce rühren und untermischen. Nach Belieben frische Kräuter oder gebratene Räucherwurstwürfel dazugeben.

Minitoasts mit Käse
250 g Hartkäse (Reste von Emmentaler, Gouda, Parmesan oder anderen Hartkäsesorten) reiben. Mit 2 Eiern und 2 Eßlöffeln Weißwein oder Bier mischen. Mit Muskat und Pfeffer würzen, etwa 1 cm hoch auf geröstete Baguette- oder Toastscheiben streichen. Die Toasts bei 250° im Backofen (Mitte, Umluft 220°) etwa 10 Minuten überbacken.

Das können Sie noch aus Ihren Vorräten zaubern

Stellen Sie eine Auswahl Frühstücksflocken und einen Krug Milch bereit. Dazu Kürbis- und Sonnenblumenkerne, frisches Obst (kleingeschnitten), Nüsse, Milch und Joghurt. Zum Süßen Honig und Ahornsirup dazustellen, dann kann sich jeder sein Lieblingsmüsli mischen.

Knusprige Karamel-Haferflocken
Dafür 3 Eßlöffel Butter in einer Pfanne schmelzen lassen. 6 Eßlöffel Haferflocken und 3 Teelöffel Zucker mischen und die Haferflocken in der Butter goldbraun und knusprig braten.

Kräuter-Knoblauch-Butter
125 g weiche Butter mit 2–3 feingehackten Knoblauchzehen und frischen, feingehackten Kräutern mischen, mit Salz und Pfeffer würzen.

Südliche Tomatensuppe
2 Zwiebeln schälen, fein hacken und in 3 Eßlöffeln Olivenöl glasig dünsten. 3–4 Knoblauchzehen schälen und dazupressen.
2 Päckchen passierte Tomaten (je 500 g) und 1/2 l Fleischbrühe dazugießen. Alles aufkochen lassen. Die Suppe mit Salz, Pfeffer, je 2 Teelöffeln getrocknetem Oregano und Thymian würzen und etwa 10 Minuten köcheln lassen. Nach Belieben noch kleingeschnittene schwarze oder grüne Oliven dazugeben.

Kleine Extras

• Origineller und praktischer, als wenn Sie für jeden Gast einzeln Eier kochen oder braten: Einfach pro Person 1–2 Eier in einer Schüssel aufschlagen, mit etwas Sahne oder Crème fraîche verrühren und mit Salz, Pfeffer und Muskatnuß würzen. In einer großen beschichteten Pfanne Butter schmelzen lassen. Die Eiermischung hineingießen und unter Rühren bei schwacher Hitze stocken lassen. Das Riesenrührei am besten gleich in der Pfanne auf den Tisch bringen, damit sich jeder selbst bedienen kann. Sie können auch gebratene Speck- oder Schinkenwürfel, frische, gehackte Kräuter und/oder glasig gedünstete Zwiebelwürfel unter das Rührei mischen.

• Brot und Semmeln, die nicht ganz frisch sind, aufschneiden und im Toaster toasten oder in einer Pfanne in Butter rösten.

• Säfte müssen nicht aus einer Obstsorte sein. Mixen Sie einfach je nach Vorrat:
– Orangen- mit Grapefruit- und Zitronensaft, (falls der Saft zu sauer wird, mit Honig süßen).
– Apfel- mit Orangensaft.
– Möhrensaft mit Orangen- und Apfelsaft.

• Oder wie wär's mit Bananenmilch: Milch mit Bananen in den Mixer geben (2 Bananen reichen schon für 1 Liter Milch), eventuell etwas Mineralwasser daruntermischen.

Jeder bringt was mit!

Wenn Ihre Vorräte nicht sehr üppig sind, bitten Sie Ihre Freunde, etwas mitzubringen. Damit wird dann gemeinsam improvisiert – was übrigens richtig Spaß macht.

Falls etwas Wichtiges fehlt

Bahnhofsläden und große Tankstellen sind rund um die Uhr und auch an Wochenenden geöffnet und bieten ein umfangreiches Sortiment an Lebensmitteln und Getränken an.

Tafeln unter freiem Himmel

Ein traumhafter Sommertag, die Sonne scheint, die Vögel zwitschern, und die Natur zeigt sich von ihrer schönsten Seite. Das muß man einfach genießen! Laden Sie zum Sommerbrunch im Grünen ein. Decken Sie eine große, fröhliche Tafel im Garten oder auf der Terrasse. An einem schattigen Plätzchen oder unter einem großen Sonnenschirm.
Wer diese Möglichkeit nicht hat, organisiert ein witziges Frühstücks-Picknick irgendwo draußen im Freien. Die Gerichte sind auch dafür geeignet. Sie sind für zehn bis zwölf Personen berechnet und lassen sich wunderbar vorbereiten.

1 Das Mehl in eine Schüssel sieben und in die Mitte eine Mulde drücken. Die Hefe hineinbröckeln und den Zucker darauf streuen. Von der lauwarmen Buttermilch 3 Eßlöffel abnehmen und mit der Hefe verrühren. Den Vorteig zugedeckt an einem warmen Ort etwa 15 Minuten gehen lassen.

2 Dann das Salz, das Öl, die restliche Buttermilch und jeweils die Hälfte von Sesam, Mohn und Sonnenblumenkernen hinzufügen. Alles zu einem geschmeidigen Teig verkneten. Den Teig zugedeckt etwa 45 Minuten gehen lassen.

3 Den Backofen auf 200° vorheizen. Ein Backblech einfetten oder mit Backpapier auslegen.

4 Den Hefeteig in 16 gleich große Portionen teilen und diese zu kleinen Kugeln formen. Die Teigkugeln mit einem Abstand von jeweils 1 cm rosettenförmig auf das Backblech setzen und zugedeckt nochmals etwa 15 Minuten gehen lassen.

5 Das Eigelb mit der Milch verrühren, die Brötchen damit bepinseln und mit dem restlichen Sesam, dem Mohn und den Sonnenblumenkernen bestreuen. Die Brötchenrosette im Backofen (Mitte, Umluft 180°) in 25–30 Minuten goldbraun backen. Herausnehmen und auf einem Gitter auskühlen lassen.

Varianten

Das können Sie zusätzlich unter den Teig mischen: frisch gehackte, angedünstete Kräuter, gebratene Salami- oder Schinkenwürfel, gehackte Walnüsse oder entsteinte, gehackte Oliven.

Tips

Wenn Sie mehr Gäste erwarten, die Teigmenge einfach entsprechend erhöhen und die Brötchen nicht als Rosette formen, dann gehen mehr davon aufs Backblech.

Wenn Sie die Brötchen-Rosette schon am Vortag backen: Am nächsten Tag zum Aufbacken einfach kurz in den auf 150° vorgeheizten Backofen (Mitte, Umluft 130°) schieben, bis die Brötchen knusprig sind. Sie können die Brötchen auch einfrieren.

Läßt sich gut vorbereiten

Zutaten für 16 Brötchen:

1 kg Weizenmehl
1 Würfel Hefe (42 g)
1 Teel. Zucker
1/2 l lauwarme Buttermilch
2 Teel. Salz
4 Eßl. Sonnenblumenöl
je 4 Eßl. Sesam, Mohn und Sonnenblumenkerne
Fett für das Backblech
2 Eigelb
2 Eßl. Milch

Zubereitungszeit:
etwa 2 Stunden (davon 25–30 Minuten Backzeit)

Haltbarkeit:
2 Tage

1 Das Kasseler vom Fettrand befreien und in etwa 1 cm große Würfel schneiden.

2 Die Paprikaschoten halbieren, von den Kerngehäusen befreien und waschen. Die Hälften erst in Streifen, dann in kleine Würfel schneiden. In kochendem Salzwasser 1–2 Minuten blanchieren, in ein Sieb abgießen, eiskalt abschrecken und sehr gut abtropfen lassen.

3 Den Schnittlauch waschen, in feine Röllchen schneiden.

4 Die Gelatine nach Packungsanweisung in kaltem Wasser einweichen. Die Fleischbrühe aufkochen lassen, dann vom Herd nehmen. Die Gelatine gut ausdrücken und in der heißen Brühe auflösen. Die Brühe kräftig mit Salz, Pfeffer und Weißweinessig abschmecken.

5 In einer Kastenform oder in einer Schüssel von etwa 2 l Inhalt die Kasselerwürfel mit den Paprikawürfeln und dem Schnittlauch mischen. Die Gelierbrühe darüber gießen, so daß alle Zutaten gut bedeckt sind. Die Brühe abkühlen lassen und die Sülze zugedeckt im Kühlschrank mindestens 5 Stunden (am besten über Nacht) gelieren lassen.

6 Die Sülze vor dem Stürzen am Rand mit einem Messer lösen und die Form kurz in heißes Wasser tauchen. Die Sülze auf eine Platte stürzen.

Tips

250 g geviertelte Kirschtomaten mit feingehackten Kräutern, Essig, Öl, Salz und Pfeffer mischen und diesen Salat als Kranz um die Sülze legen.

Die Sülze sieht auch in einer Gugelhupf- oder Ringform zubereitet sehr attraktiv aus.

Verschiedene Senfsorten, Meerrettich und vielleicht eine Essig-Öl-Sauce mit feingehackten Kräutern und Zwiebeln dazustellen.

Läßt sich gut vorbereiten

Zutaten für 10–12 Personen:

750 g Kasseler-Aufschnitt (am besten vom Metzger in knapp 1 cm dicke Scheiben schneiden lassen)
2 Paprikaschoten (etwa 300 g)
Salz
2 Bund Schnittlauch
12 Blatt weiße Gelatine
3/4 l kräftige Fleischbrühe
weißer Pfeffer, frisch gemahlen
3–4 Eßl. Weißweinessig

Zubereitungszeit:
etwa 30 Minuten (plus mindestens 5 Stunden Gelierzeit)

Haltbarkeit:
zugedeckt im Kühlschrank 2 Tage

Variante

Ersetzen Sie ein Drittel des Frischkäses durch griechischen Schafkäse und mischen Sie 100 g feingehackte Oliven darunter.

Tips

Besonders hübsch sieht es aus, wenn Sie die Käsecreme in ausgehöhlte Cocktailtomaten füllen. Die Tomaten vor dem Füllen innen mit Salz und Pfeffer würzen.

Wenn Sie den Brunch als Picknick planen, füllen Sie die Käsecreme am besten in Gläser mit Schraubverschluß.

1 Die Pinienkerne in einer beschichteten Pfanne ohne Fett goldgelb rösten und etwas abkühlen lassen.

2 Den Frischkäse in eine Schüssel füllen. Den Knoblauch schälen und dazupressen. Das Tomatenmark und das Olivenöl hinzufügen und alles mit den Schneebesen des elektrischen Handrührgerätes cremig rühren. Die Frischkäsecreme mit Salz, Pfeffer, Paprika und Zitronensaft würzen.

3 Das Basilikum abbrausen, die Blättchen abzupfen, einige schöne beiseite legen, die restlichen fein hacken. Das gehackte Basilikum mit der Hälfte der Pinienkerne unter die Käsecreme mischen. Von der Creme Nocken abstechen und auf einem Salatbett anrichten.

4 Die Käsenocken mit den restlichen Pinienkernen bestreuen und mit den übrigen Basilikumblättchen garnieren.

Gelingt leicht

Zutaten für 10–12 Personen:

50 g Pinienkerne
600 g Frischkäse
5 Knoblauchzehen
3 Eßl. Tomatenmark
1 Eßl. Olivenöl
Salz
weißer Pfeffer, frisch gemahlen
1 Prise Paprikapulver, edelsüß
Zitronensaft
2 Bund Basilikum
Salatblätter zum Anrichten

Zubereitungszeit:
etwa 20 Minuten

Haltbarkeit:
im Kühlschrank 3 Tage

1 Das Mehl in eine Schüssel sieben. Die Butter in kleine Würfel schneiden und mit einer Prise Salz und dem Ei dazugeben. Alles mit den Knethaken des elektrischen Handrührgerätes zu einem glatten Teig verarbeiten. Falls der Teig zu fest ist, noch 2–3 Eßlöffel Wasser dazugeben.

2 Den Teig nochmals mit den Händen durchkneten, dann zu einer Kugel formen. In Frischhaltefolie wickeln und mindestens 30 Minuten im Kühlschrank ruhen lassen.

3 Inzwischen den Quark in einem Sieb gut abtropfen lassen. Die Frühlingszwiebeln putzen, waschen und mit dem Grün in schmale Ringe schneiden. Rucola und Basilikum waschen und die Blättchen fein hacken. Die Butter in einer Pfanne erhitzen und die Zwiebelringe darin andüsten. Den Knoblauch schälen und dazupressen. Die Kräuter dazugeben und kurz mitdünsten. Den Pfanneninhalt abkühlen lassen.

4 Den Backofen auf 180° vorheizen. In einer Schüssel den Quark mit der Crème fraîche, den Eiern und dem Käse verrühren. Mit Salz, Pfeffer und Muskat kräftig würzen. Die gedünsteten Kräuter unterheben.

5 Die Springform einfetten. Den Teig auf einer bemehlten Arbeitsfläche ausrollen. In die Form legen und einen Rand von etwa 3 cm hochziehen. Den Teigboden mehrmals mit einer Gabel einstechen.

6 Die Quarkmischung auf dem Teig verteilen und die Oberfläche glattstreichen. Die Quiche im Backofen (Mitte, Umluft 160°) etwa 50 Minuten backen. Die Quiche schmeckt ganz frisch aus dem Backofen besonders gut, ist aber auch kalt köstlich. Die Quiche nach Belieben mit frischen Kräutern und Tomatenachteln garnieren.

Varianten

Statt Rucola und Basilikum schmecken auch Schnittlauch, Petersilie und Sauerampfer.

Reichhaltiger wird die Quiche, wenn Sie Würfel von gekochtem Schinken, kaltem Braten oder Salami unter den Belag mischen.

Läßt sich gut vorbereiten

Zutaten für eine Springform von 26 cm Ø:

Für den Teig:
250 g Mehl
125 g Butter
Salz
1 Ei

Für den Belag:
500 g Quark (10 % Fett i. Tr.)
1 Bund Frühlingszwiebeln
je 1 Bund Rucola und Basilikum
2 Eßl. Butter
2 Knoblauchzehen
150 g Crème fraîche
3 Eier
80 g Emmentaler, frisch gerieben
Salz
schwarzer Pfeffer, frisch gemahlen
Muskatnuß, frisch gerieben

Außerdem:
Fett für die Form
Mehl für die Arbeitsfläche
Nach Belieben frische Kräuter und Tomatenachtel zum Garnieren

Zubereitungszeit:
etwa 1 1/2 Stunden

Haltbarkeit:
im Kühlschrank bis zu 2 Tagen

Variante

Anstelle der Putenschnitzel können Sie dünne Kalbs- oder Schweineschnitzel verwenden.

Tip

Besonders gut schmeckt selbstgemachtes Pesto. Dafür 3–4 Bund frisches Basilikum abbrausen. Die Blätter von den Stengeln zupfen und fein hacken. In eine Schüssel geben und 1/2 Teelöffel Salz darüber streuen. 4 Knoblauchzehen schälen und durch die Presse dazudrücken. 2 Eßlöffel Pinienkerne fein mahlen und hinzufügen. Langsam 1/8 l Olivenöl unterrühren, bis eine dicke Paste entstanden ist. Zum Schluß 80 g frisch geriebenen Parmesan löffelweise unterrühren. Das Pesto mit Pfeffer abschmecken.
Wenn's ganz schnell gehen soll, alle Zutaten in den Mixer geben und pürieren. Das Pesto hält sich in einem Schraubglas etwa 4 Wochen im Kühlschrank. Achten Sie darauf, daß die Oberfläche stets mit einer dünnen Schicht Olivenöl bedeckt ist, sonst schimmelt das Pesto.

1 Die Putenschnitzel kalt abwaschen und abtrocknen. Nebeneinander auf eine Arbeitsfläche legen und jeweils auf beiden Seiten salzen und pfeffern.

2 Das Kalbsbrät mit dem Pesto in einer Schüssel verrühren. Die Masse auf die Putenschnitzel streichen, dabei einen etwa 1 cm breiten Rand frei lassen. Die Putenschnitzel aufrollen und die Enden mit den Holzspießchen feststecken.

3 Das Butterschmalz in einer breiten Pfanne erhitzen und die Putenröllchen darin rundum 10–15 Minuten braten. Herausnehmen und abkühlen lassen. Die Holzspießchen entfernen und die Röllchen schräg in etwa 1/2 cm dicke Scheiben schneiden.

4 Die Tomaten waschen und abtrocknen. In Scheiben schneiden und nebeneinander auf eine Platte legen. Das Olivenöl mit dem Aceto Balsamico, Salz und Pfeffer verrühren und über die Tomaten gießen. Die Putenröllchen auf den Tomatenscheiben anrichten. Mit Basilikumblättchen garnieren.

Raffiniert

Zutaten für 10–12 Personen:

10–12 gleich große, dünne Putenschnitzel (je etwa 125 g)
Salz
schwarzer Pfeffer, frisch gemahlen
300 g Kalbsbrät
1 kleines Glas Pesto (90 g)
10–12 Holzspießchen zum Feststecken
3 Eßl. Butterschmalz
1 kg Tomaten
3 Eßl. Olivenöl, kaltgepreßt
2 Eßl. Aceto Balsamico (Balsamessig) oder Rotweinessig
Basilikumblättchen zum Garnieren

Zubereitungszeit:
etwa 40 Minuten

Haltbarkeit:
im Kühlschrank bis zu 3 Tagen

Schnell • Gelingt leicht

Zutaten für 10–12 Personen:

750 g Quark (20% Fett i. Tr.)
500 g Quark (40% Fett i. Tr.)
1 Vanilleschote
3 Eßl. Honig
Saft von 1/2 Zitrone
250 g Erdbeeren
250 g Heidelbeeren
150 g Himbeeren
150 g Brombeeren
1 kleines Bund Minze

Zubereitungszeit:
etwa 25 Minuten

1 Die beiden Quarksorten in eine große Schüssel füllen. Die Vanilleschote längs aufschlitzen, das Mark herauskratzen und zum Quark geben. Den Honig und den Zitronensaft hinzufügen und alles glattrühren.

2 Die Erdbeeren waschen, den Stielansatz entfernen. Die Beeren mit dem Pürierstab oder im Mixer pürieren. Das Erdbeerpüree unter den Quark rühren.

3 Heidelbeeren, Himbeeren und Brombeeren kurz abbrausen, gut abtropfen lassen und, falls nötig, die Stielansätze entfernen. Einige Beeren beiseite legen, die restlichen unter den Quark mischen.

4 Die Minze abbrausen, die Blättchen abzupfen und in Streifen schneiden. Die Hälfte davon in den Quark rühren, die andere Hälfte mit den restlichen Beeren über den Quark streuen. Den Quark bis zum Servieren kalt stellen. Dazu schmecken knusprige Mandelplätzchen (fertig gekauft oder selbst gebacken, Rezept links).

Variante

Anstelle der Beeren können Sie je nach Saison auch reife Pfirsiche, Aprikosen, Nektarinen oder eine Mischung aus diesen Früchten nehmen. Die Früchte dann waschen und trockenreiben. Die Steine entfernen und das Fruchtfleisch klein würfeln.

Tips

Wenn keine Kinder mitessen, können Sie Beeren oder Früchte mit Obstwasser oder Amaretto marinieren.

Zum Quark passen knusprige Mandelplätzchen:
100 g weiche Butter, 100 g Mehl, 100 g Mandelblättchen und 90 g Zucker verkneten. Den Backofen auf 180° vorheizen. Aus dem Teig etwa walnußgroße Kugeln formen und in großen Abständen auf ein mit Backpapier ausgelegtes Blech setzen. Die Kugeln im Backofen (Mitte, Umluft 160°) in etwa 10 Minuten goldbraun backen, die Kugeln zerlaufen dabei zu Talern. Die Plätzchen herausnehmen, vom Backpapier lösen und auskühlen lassen.

Das können Sie vorbereiten

2 Tage vorher

• Die Putenröllchen mit Pestofüllung schmecken noch intensiver, wenn sie gut durchziehen. Deshalb kann man sie zwei Tage vorher zubereiten und im Kühlschrank aufbewahren. Die Röllchen erst kurz vor dem Servieren in Scheiben schneiden und auf den Tomaten anrichten.

• Die Käsenocken mit Pinienkernen halten sich, in Klarsichtfolie gepackt, im Kühlschrank gut 2 Tage.

1 Tag vorher

Die Kasseler-Kräuter-Sülze am besten über Nacht im Kühlschrank gelieren lassen.

Ein bißchen Organisation muß sein

• Biertische und -bänke sowie Sonnenschirme können Sie bei einer Brauerei oder beim Partyservice ausleihen. Bitte rechtzeitig vorbestellen. Adressen dafür stehen im Branchenbuch.

• Wenn Geschirr und Besteck nicht reichen: beim Partyservice bestellen oder bei Nachbarn und Freunden ausborgen.

• Für eine größere Runde ist ein Buffet praktisch. Suchen Sie ein schattiges Plätzchen dafür oder bauen Sie es unter einem großen Sonnenschirm oder einer Markise auf.

Schmücken und Dekorieren

• Eine große Schale mit frischen Früchten und Beeren wirkt sehr dekorativ auf einem Buffet und ist zusätzlich ein erfrischender Nachtisch.

• Auch wenn's im Garten üppig grünt und blüht: Stellen Sie einen dicken Sommerstrauß aufs Buffet. Schmücken Sie den Tisch mit Girlanden oder Kränzchen aus Blumen und Gräsern – Kinder helfen gerne dabei.

• Verteilen Sie viele bunte Windrädchen im Garten, daran haben groß und klein ihre Freude.

Kleine Extras

• Sieht appetitlich aus und kommt immer gut an: Knabbergemüse mit würzigem Dip. Dafür Möhren, Gurken, Stangensellerie, Kohlrabi oder Paprika waschen, in Streifen schneiden, mit Radieschen und Cocktailtomaten auf einer Platte oder mehreren Tellern schön anrichten. Auf das Buffet stellen oder auf dem Tisch verteilen und eine Kräutervinaigrette zum Dippen dazustellen.

• Eistee ist jetzt besonders erfrischend. Dafür genügend Eiswürfel vorbereiten, in Teegläser füllen, mit konzentriertem Schwarztee oder Kräutertee auffüllen. Zitronenschnitze dazu reichen.

• Spritziger Kullerpfirsich: Pfirsiche rundum mit einer Gabel einstechen. Jeweils 1 Pfirsich in ein bauchiges Glas legen und mit kaltem Sekt auffüllen. Nach kurzer Zeit fängt der Pfirsich an, sich zu drehen.

• Blitzeis – verblüffend schnell gemacht und besonders fruchtig: Dafür 300 g tiefgekühlte Beeren mit 200 g Sahne im Mixer pürieren und sofort servieren.

• Sehen lustig aus und schmecken herrlich frisch: Eine

große Flotte aus Melonenbooten mit Schinkensegeln. Melonen (Zuckermelonen, Honigmelonen) entkernen und in schmale Spalten schneiden. Jeweils 1 Schinkenscheibe mit 1 Holzspießchen als Segel auf 1 Melonenspalte stecken.

So wird ein Picknick draus

Wenn Sie Ihre Gäste zum Frühstückspicknick einladen, sollten Sie den Platz dafür schon ein paar Tage vorher erkunden. Achten Sie darauf, daß er zumindest teilweise im Schatten liegt. Wenn Sie keine Tische und Bänke aufstellen wollen, sollten Sie ausreichend Decken zum Draufsetzen mitnehmen. Was Sie sonst noch brauchen:

- Tücher oder Tabletts für die Speisen
- Gläser, Geschirr und Besteck
- Servietten
- Getränke (am besten in Kisten)
- Sonnenschutz und Sonnenschirme
- Spiele

Gemütlich im Familienkreis

Wieder einmal die ganze Familie um einen Tisch versammeln, gemeinsam schlemmen, reden und spielen. Dafür bietet sich ein gemütlicher Sonntagsbrunch an. Ob an Festtagen wie Ostern, Weihnachten, zu Neujahr und Geburtstag oder einfach so zwischendurch. Die Gerichte sind für sechs bis acht Personen gedacht und schmecken großen und kleinen Leuten. Und damit Sie als Gastgeber keinen Streß haben, läßt sich alles problemlos vorbereiten.

1 Das Brötchen in kaltem Wasser einweichen.

2 Die Möhren schälen, waschen und sehr klein würfeln. Die Würfel in kochendem Salzwasser etwa 3 Minuten blanchieren. Mit einem Schaumlöffel herausheben, in ein Sieb geben, eiskalt abbrausen und gut abtropfen lassen.

3 Dann die Erbsen etwa 2 Minuten in dem kochenden Salzwasser blanchieren, in ein Sieb abgießen, kalt abbrausen und gut abtropfen lassen. Mit dem Pürierstab oder im Mixer fein pürieren.

4 Die Zwiebel schälen und fein hacken. Das Öl erhitzen, die Zwiebel darin weich dünsten. Den Knoblauch schälen, dazupressen und mitdünsten lassen. Die Pfanne vom Herd nehmen.

5 Den Backofen auf 200° vorheizen. Eine Kastenform einfetten.

6 Das Hackfleisch in eine große Schüssel füllen. Das Brötchen gut ausdrücken. Mit den Eiern und der Zwiebel-Knoblauch-Mischung zum Hackfleisch dazugeben. Die Möhrenwürfel und das Erbsenpüree unterrühren. Die Masse mit Salz, Pfeffer, Cayennepfeffer und Senf kräftig würzen.

7 Die Hackfleischmasse in die Kastenform füllen und im Backofen (Mitte, Umluft 180°) etwa 1 Stunde garen. Herausnehmen und in der Form auskühlen lassen.

8 Die Pastete mit einem Messer vom Rand lösen, auf eine Platte stürzen und in etwa 1 cm dicke Scheiben schneiden.

Tips

Falls Sie keine Kastenform haben, formen Sie aus dem Hackfleischteig einen länglichen Laib und setzen ihn auf ein mit Backpapier ausgelegtes Backblech.

Reichen Sie zu der Pastete diese Tomaten-Vinaigrette:
4 Eßlöffel Rotweinessig, 6 Eßlöffel Olivenöl und 6 Eßlöffel passierte Tomaten mit Salz und Pfeffer verrühren. 1 Bund Basilikum waschen, die Blättchen fein hacken und unter die Vinaigrette mischen.

Preiswert

Zutaten für eine Kastenform von 25 cm Länge:

1 Brötchen vom Vortag
250 g Möhren
Salz
300 g tiefgekühlte Erbsen
1 große Zwiebel
1 Eßl. Öl
3 Knoblauchzehen
Fett für die Form
750 g gemischtes Hackfleisch
2 Eier
schwarzer Pfeffer, frisch gemahlen
1 Prise Cayennepfeffer
2 Eßl. scharfer Senf

Zubereitungszeit:
etwa 1 3/4 Stunden (davon 1 Stunde Zeit zum Garen; plus 1 Stunde Zeit zum Abkühlen)

Haltbarkeit:
3–5 Tage

1 Die Schollenfilets kalt abspülen und trockentupfen. Die Fischfilets auf eine Platte legen, mit dem Zitronensaft beträufeln, salzen, pfeffern und zugedeckt kalt stellen.

2 Für den Sud den Weißweinessig mit dem Weißwein und 1/4 l Wasser in einen Topf geben. Die Pfefferkörner, die Nelken, den Zucker und 1 Prise Salz hinzufügen. Alles aufkochen und etwa 5 Minuten leise köcheln lassen.

3 Den Lauch putzen, längs aufschlitzen, gründlich abspülen und schräg in schmale Ringe schneiden. Die Paprikaschoten halbieren und die Kerngehäuse entfernen. Die Paprikahälften gut abspülen, trockentupfen und erst in schmale Streifen, dann in kleine Würfel schneiden.

4 Das kleingeschnittene Gemüse in den kochenden Sud geben und darin etwa 3 Minuten blanchieren. Mit einem Schaumlöffel herausheben und in einem Sieb gut abtropfen lassen. Den Sud etwas abkühlen lassen.

5 Das Mehl auf einen Teller geben und die Fischfilets darin wenden. In einer Pfanne das Öl erhitzen. Die Schollenfilets darin portionsweise etwa 5 Minuten goldgelb braten, dabei einmal wenden. Herausnehmen und abkühlen lassen.

6 Die Schollenfilets in eine flache Form legen. Den Sud darüber gießen. Der Fisch sollte knapp davon bedeckt sein, ansonsten noch etwas Essig und Wasser dazugießen. Das Gemüse darüber streuen und den Fisch mindestens 1 Stunde zugedeckt im Kühlschrank ziehen lassen.

Varianten

Anstelle der Schollenfilets können Sie Rotbarsch oder Kabeljau verwenden. Auch Seezungenfilets eignen sich gut. Sie sind zwar etwas teurer, dafür aber besonders fein im Geschmack.

Statt Lauch schmecken auch Frühlingszwiebeln. Diese waschen, putzen und mit dem Grün schräg in feine Ringe schneiden. Die Frühlingszwiebeln nicht blanchieren, sondern nur kurz im warmen Sud ziehen lassen.

Raffiniert

Zutaten für 6–8 Personen:

750 g Schollenfilets
Saft von 1 Zitrone
Salz
weißer Pfeffer, frisch gemahlen
1/4 l Weißweinessig
1/8 l trockener Weißwein (ersatzweise Gemüsebrühe)
1 Eßl. Pfefferkörner
2 Gewürznelken
2 Teel. Zucker
2 Lauchstangen (etwa 500 g)
2 rote Paprikaschoten (etwa 400 g)
5 Eßl. Mehl
5 Eßl. Öl zum Braten

Zubereitungszeit:
etwa 40 Minuten (plus mindestens 1 Stunde Marinierzeit)

Haltbarkeit:
zugedeckt im Kühlschrank bis zu 4 Tagen

1 Den Blätterteig aus der Packung nehmen, die Platten nebeneinander legen und auftauen lassen.

2 Inzwischen die Champignons kurz abbrausen und fein hacken. Die Zwiebel schälen und fein hacken. Die Butter in einer Pfanne erhitzen. Die Zwiebel darin andünsten. Den Knoblauch schälen und dazupressen. Die Champignons dazugeben und mit andünsten, bis fast alle Flüssigkeit verdunstet ist. Die Pfanne vom Herd nehmen.

3 Die Petersilie waschen. Die Blättchen fein hacken. Den Thunfisch abtropfen lassen, in eine Schüssel geben und mit einer Gabel fein zerkleinern. Die Semmelbrösel, die Champignons, die Crème fraîche und die Petersilie dazugeben. 1 Ei trennen. Das Eigelb beiseite stellen. Das Eiweiß und das zweite Ei zur Füllung geben. Alles gründlich mischen und mit Salz, Pfeffer, Cayennepfeffer und Zitronensaft kräftig würzen.

4 Den Backofen auf 200° vorheizen. Die Blätterteigplatten aufeinanderlegen und auf einer leicht bemehlten Arbeitsfläche dünn ausrollen. Den Teig in etwa 10 cm große Quadrate schneiden. Die Füllung darauf verteilen, dabei einen etwa 2 cm breiten Rand lassen. Eine Teighälfte diagonal über die andere klappen und die Kanten mit einer Gabel fest zusammendrücken.

5 Das beiseite gestellte Eigelb verquirlen. Ein Backblech kalt abspülen, die Teigtäschchen darauf legen, mit dem Eigelb bepinseln und im Backofen (Mitte, Umluft 180°) etwa 20 Minuten backen. Die Teigtäschchen schmecken frisch aus dem Ofen am besten.

Schmeckt Kindern

Zutaten für etwa 20 Stück:

450 g tiefgekühlter Blätterteig (1 Paket)
250 g Champignons
1 mittelgroße Zwiebel
1 Eßl. Butter
2 Knoblauchzehen
1 Bund Petersilie
2 Dosen Thunfisch im eigenen Saft (Abtropfgewicht je 120 g)
3 Eßl. Semmelbrösel
150 g Crème fraîche
2 Eier
Salz
schwarzer Pfeffer, frisch gemahlen
1 Msp. Cayennepfeffer
1 Teelöffel Zitronensaft
Mehl für die Arbeitsfläche

Zubereitungszeit:
etwa 45 Minuten

Haltbarkeit:
1 Tag

Variante

Putenlebercreme:
600 g Putenleber in 3 Eßlöffeln Butter 3–5 Minuten anbraten. Mit 4 Eßlöffeln trockenem Sherry ablöschen. Mit Salz, Pfeffer und 1 Teelöffel getrocknetem Thymian würzen. Die Putenleber abkühlen lassen und mit dem Bratensaft pürieren. Das Püree mit 300 g weicher Butter mischen, mit Salz und Pfeffer abschmecken und mindestens 1 Stunde kalt stellen.

1 Die Putenbrust kalt abwaschen und trockentupfen. In einen Topf geben, knapp mit Wasser bedecken und zugedeckt bei mittlerer Hitze etwa 30 Minuten köcheln lassen.

2 Den Speck von der Schwarte befreien, einmal quer halbieren und in den Mixer geben. Die Putenbrust abtropfen lassen, in grobe Stücke schneiden und mit dem Räucherspeck im Mixer pürieren.

3 Den Portwein unter das Püree mischen. Die Putencreme mit Senf, Salz und Pfeffer kräftig abschmecken.

4 Die Putencreme in eine kleine Schüssel oder eine Terrinenform füllen und mindestens 12 Stunden, am besten über Nacht, kalt stellen.

5 Die Putencreme kurz vor dem Servieren aus dem Kühlschrank nehmen und mit Granatapfelkernen, gehackten Pistazien und Lorbeerblättern garnieren.

Gelingt leicht

Zutaten für 6–8 Personen:

600 g Putenbrust
150 g Räucherspeck in dünnen Scheiben
5 cl Portwein (ersatzweise Orangensaft)
1 Eßl. mittelscharfer Senf
Salz
schwarzer Pfeffer, frisch gemahlen

Zum Garnieren:
Granatapfelkerne, gehackte Pistazien und Lorbeerblätter

Zubereitungszeit:
etwa 45 Minuten (plus mindestens 12 Stunden Kühlzeit)

Haltbarkeit:
zugedeckt im Kühlschrank etwa 4 Tage

Tip

Wenn Sie keine Brotschneidemaschine haben, können Sie die Zucchini auch auf dem Gurkenhobel in Längsscheiben hobeln.

Varianten

Besonders schnell geht's, wenn Sie anstelle der Zucchini 1 kg Tomaten nehmen. Die Tomaten nur waschen und in dünne Scheiben schneiden.

Wenn Sie es herzhafter mögen, können Sie anstelle des Mozzarellas griechischen Schafkäse nehmen und darüber raspeln.

1 Die Zucchini waschen, von den Stiel- und den Blütenansätzen befreien und am besten mit der Brotschneidemaschine längs in ganz dünne Scheiben schneiden.

2 Reichlich Salzwasser aufkochen lassen und die Zucchinischeiben darin etwa 1 Minute blanchieren. In ein Sieb gießen und gut abtropfen lassen.

3 Die Frühlingszwiebeln putzen, waschen und schräg in feine Ringe schneiden. Die Möhren waschen, schälen und sehr klein würfeln.

4 Aceto Balsamico, Olivenöl, Senf, Salz und Pfeffer zu einer Vinaigrette verrühren. Die Möhren und Zwiebeln hineingeben und alles gut mischen.

5 Die Zucchinischeiben trockentupfen und auf einer großen oder zwei kleinen Platten dekorativ auslegen, salzen und pfeffern. Mit der Gemüse-Vinaigrette gleichmäßig beträufeln und zugedeckt mindestens 30 Minuten durchziehen lassen.

6 Vor dem Servieren den Mozzarella in sehr kleine Würfel schneiden und über die marinierten Zucchini streuen.

Raffiniert

Zutaten für 6–8 Personen:

1 kg mittelgroße Zucchini
Salz
4 Frühlingszwiebeln
2 Möhren
5 Eßl. Aceto Balsamico (Balsamessig) oder Rotweinessig
6 Eßl. Olivenöl, kaltgepreßt
1 Teel. mittelscharfer Senf
schwarzer Pfeffer, frisch gemahlen
125 g Mozzarella

Zubereitungszeit:
etwa 40 Minuten (plus mindestens 30 Minuten Marinierzeit)

Haltbarkeit:
zugedeckt im Kühlschrank etwa 2 Tage

1 Das Mehl in eine Schüssel sieben und in die Mitte eine Mulde drücken. Die Hefe hineinbröckeln und mit dem Zucker und der lauwarmen Milch verrühren. Den Vorteig zugedeckt etwa 15 Minuten gehen lassen.

2 Inzwischen die Butter in einem kleinen Topf schmelzen. Mit den Eiern und dem Salz zu dem Vorteig geben und alles mit den Knethaken des Handrührgerätes durcharbeiten. Anschließend den Teig mit den Händen kräftig schlagen, bis er Blasen wirft. Die Brioche-Förmchen einfetten.

3 Den Teig zu einer Rolle formen und in 12 gleich große Stücke teilen. Aus jedem Stück je eine tischtennisball- und eine kirschgroße Kugel formen. Die großen Kugeln in die Förmchen geben, die kleinen auf die großen Kugeln setzen.

4 Das Eigelb verquirlen und die Brioches damit bestreichen. Nochmals etwa 10 Minuten gehen lassen. Den Backofen auf 200° vorheizen.

5 Die Brioches im Backofen (Mitte, Umluft 200°) in etwa 15 Minuten goldbraun backen. Herausnehmen, aus den Förmchen lösen und auf einem Kuchengitter auskühlen lassen.

Tips

Falls Sie keine Metallförmchen haben, können Sie auch Papierförmchen verwenden (gibt es in guten Haushaltsläden). Ansonsten den Teig in eine Kasten- oder Gugelhupfform von 1,5–2 l Inhalt füllen und bei 190° (Mitte, Umluft 170°) 30–40 Minuten backen.

Zu den Brioches paßt Grapefruit-Gelee mit Campari: 3 rosa Grapefruits (etwa 1,2 kg) halbieren und den Saft auspressen; Sie brauchen 1/2 l Grapefruitsaft. Den Saft mit 1/8 l Campari und 1 kg Gelierzucker in einen Topf füllen. Alles unter Rühren aufkochen und etwa 2 Minuten sprudelnd kochen lassen. Das Gelee heiß in drei sauber ausgespülte Twist-Off-Gläser von je etwa 1/4 l Inhalt füllen. Die Gläser sofort verschließen, auf den Kopf stellen und das Gelee auskühlen lassen.

Gelingt leicht

Zutaten für etwa 12 Stück:

250 g Mehl
20 g frische Hefe (1/2 Würfel)
1 Teel. Zucker
3 Eßl. lauwarme Milch
100 g Butter
2 Eier
Salz
Fett für die Förmchen
1 Eigelb

Zubereitungszeit:
etwa 1 Stunde

Das können Sie vorbereiten

2 Tage vorher

- Die Hackfleischpastete hält sich, in Alufolie gepackt, prima im Kühlschrank.
- Die herzhafte Putencreme kann problemlos 2 Tage zugedeckt im Kühlschrank aufbewahrt werden.

1 Tag vorher

- Die eingelegten Schollenfilets können Sie ruhig über Nacht im Sud ziehen lassen, dann wird ihr Geschmack intensiver.
- Für die marinierten Zucchini die Zucchini schon am Vortag blanchieren. Möhren, Frühlingszwiebeln, Mozzarella und Sauce erst etwa 1 Stunde vor dem Servieren zubereiten.

Kleine Extras

- Müsli mit frischen Früchten der Saison (siehe Seite 18).

- Sahnequark in einer großen Schüssel mit etwas Mineralwasser und Zitronensaft cremig schlagen. Dazu Schüsselchen mit frischen feingehackten Kräutern, feingehackten Zwiebeln, Beeren, kleingeschnittenen Früchten und Nüssen, damit sich jeder seinen Lieblingsquark mischen kann.

- Spiegeleier sehen besonders schön aus, wenn man sie in großen Metall-Ausstechformen brät, zum Beispiel in Herz-, Stern- oder Blumenformen. Dafür die Förmchen in eine beschichtete Pfanne setzen. Die Eier aufschlagen und hineingleiten lassen.

- Zum Neujahrsbrunch eine Auswahl saurer Fische wie Rollmöpse, Kronsardinen oder einen Heringssalat dazustellen.

Käse mit Sherry

150 g Appenzeller und 100 g Parmesan fein reiben. Mit 50 g weicher Butter und 1/8 l trockenem Sherry zu einer cremigen Masse verrühren. Kräftig mit schwarzem Pfeffer würzen. Den Käse in ein Glas füllen, festdrücken und mit eingeölter Alufolie abdecken. Hält sich gut verschlossen im Kühlschrank etwa 1 Woche.

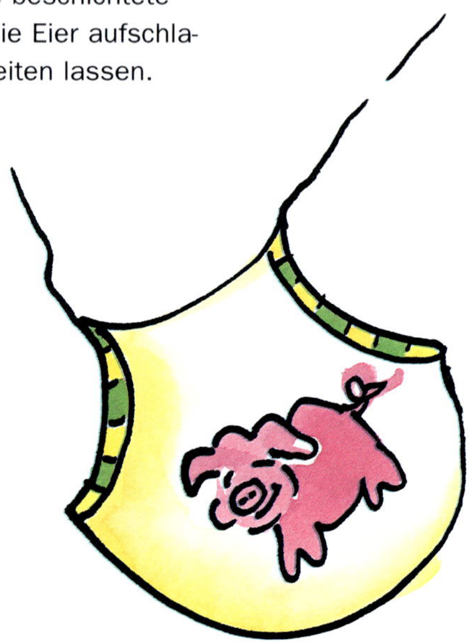

Das finden Kinder toll

Heiße Schokolade
Feingeraspelte Vollmilchschokolade in Milch auflösen, dabei immer wieder durchrühren.

Knusprige Hähnchenflügel
Dafür 4 Eßlöffel Öl, 3 Eßlöffel Honig, 2 Eßlöffel Tomatenmark, Salz und Pfeffer mischen.
10–12 Hähnchenflügel damit bestreichen, auf ein mit Backpapier ausgelegtes Backblech legen. Im auf 200° vorgeheizten Backofen (Mitte, Umluft 180°) in 25–30 Minuten knusprig braten.
Schmecken aus der Hand am besten.

Waffeln zum Selberbacken
Dafür 2 Eßlöffel Butter und 1 Eßlöffel Zucker mit den Schneebesen des elektrischen Handrührgerätes cremig schlagen. 3 Eier, 1 Prise Salz, 1 Teelöffel Zucker und 300 g Mehl untermischen. Dann langsam 1/8 l Milch unterrühren. Das Waffeleisen einfetten. Jeder kann sich aus etwa 3 Eßlöffeln Teig seine eigene Waffel backen. Puderzucker, Schlagsahne, Konfitüre und Zimtzucker dazustellen, dann kann sich jeder aussuchen, was er möchte.

Heiße Maroni
500 g Maroni oben kreuzweise einschneiden. Dann auf einem Backblech verteilen und für etwa 10 Minuten unter dem vorgeheizten Backofengrill oder 20 Minuten im 250° heißen Backofen (Umluft 230°) garen, bis die Schalen aufplatzen.

Spiel und Spaß

Holen Sie doch die guten alten Familienspiele wie »Mensch ärgere Dich nicht«, »Flohhupfen« oder Quartette aus dem Schrank, dann wird es sicher keinem langweilig.

Schmücken und dekorieren

- In Frühjahr und Sommer sind frische Blumen oder Blumenkränzchen dekorativ.
- Zu Ostern sehen kleine bunte Primeltöpfchen, dazwischen Osterhäschen und gefärbte Eier, sehr fröhlich aus. Besonders nett sind Wachteleier, die Sie in Feinkostläden kaufen können.
- Im Herbst bunte Blätter und Kastanien auf den Tisch streuen und dazwischen viele Teelichte stellen. Die Teelichte nicht direkt auf Tisch oder Tischtuch stellen, sondern immer einen kleinen Teller (oder eines der Blätter) darunterlegen, sonst kann es Brandflecken geben.
- Um die Weihnachtszeit wirkt eine rote Tischdecke besonders gemütlich. Darauf kleine Tannenzweige legen und dazwischen kleine rote Äpfel, Teelichte und Nüsse verteilen.
- Zum Neujahrsbrunch mit Glücksbringern wie kleinen Kaminkehrern, Schweinchen oder Glückskleetöpfchen dekorieren und Glückspfennige dazwischenstreuen.

Für festliche Anlässe

Für viele Gäste ist ein Buffet ideal: Ihre Gäste können sich selbst bedienen und Sie das Fest besser genießen. Feine Tischwäsche, eleganter Blumenschmuck, Kerzen, edles Geschirr und feine Gläser sorgen für festliches Ambiente. Und mit den kulinarischen Köstlichkeiten, die trotz einfacher Zubereitung nicht alltäglich sind, können Sie acht bis zehn Gäste verwöhnen. Was unbedingt dazugehört, ist gut gekühlter Champagner, Sekt oder Prosecco.

1 Die Zuckerschoten waschen, putzen und etwa 2 Minuten in kochendem Salzwasser blanchieren. In ein Sieb abgießen, eiskalt abschrecken und sehr gut abtropfen lassen.

2 Das Fleisch in einer Schüssel mit der Crème fraîche und dem Ei mischen. Den Knoblauch schälen und dazupressen. Die Masse mit Salz, Pfeffer, Muskat, Cayennepfeffer, Thymian und nach Belieben mit Sherry würzen.

3 Das Kasseler in etwa 1 cm große Würfel schneiden und unter die Farce mischen. Den Backofen auf 160° vorheizen.

4 Die Kastenform so mit dem Speck auslegen, daß ein Rand überlappt. Die Hälfte der Farce einfüllen und die Zuckerschoten nebeneinander darauf legen. Die restliche Farce darüber verteilen und glattstreichen. Die Speckscheiben darüber zusammenklappen und mit Lorbeerblättern garnieren.

5 Die Form fest mit Alufolie verschließen. In die Fettpfanne des Backofens stellen und mit kochendem Wasser umgießen. Die Terrine im Backofen (Mitte, Umluft 140°) etwa 1 Stunde garen.

6 Die Terrine mindestens 12 Stunden, am besten über Nacht, in den Kühlschrank stellen und durchziehen lassen. Erst am nächsten Tag anschneiden.

Tip

Dazu paßt Sahnemeerrettich: Dafür 200 g Sahne steif schlagen, mit 3 Eßlöffeln Meerrettich (aus dem Glas) mischen und mit Salz und Pfeffer abschmecken.

Am Vortag zubereiten

Zutaten für eine Kastenform von 25 cm Länge:

200 g Zuckerschoten
Salz
250 g Schweinefleisch aus der Schulter (das Fleisch vom Metzger durch den Wolf drehen lassen)
5 Eßl. Crème fraîche
1 Ei
2 Knoblauchzehen
weißer Pfeffer, frisch gemahlen
1 Prise Muskatnuß, frisch gerieben
1 Msp. Cayennepfeffer
2 Teel. getrockneter Thymian
3 Eßl. trockener Sherry nach Belieben
300 g rohes Kasseler
3 dünne Scheiben frischer grüner Speck, je etwa 15 x 20 cm
einige Lorbeerblätter zum Verzieren

Zubereitungszeit:
etwa 1 1/2 Stunden (plus mindestens 12 Stunden Zeit zum Ziehen)

Haltbarkeit:
zugedeckt im Kühlschrank bis zu 5 Tagen

1 Den Spargel waschen, von der Hälfte die Spitzen abschneiden und beiseite legen. Den unteren Teil der Stangen schälen, dabei die Enden entfernen. Die Stangen in Scheiben schneiden.

2 Die Schalotten schälen und fein hacken. Die Butter in einem Topf erhitzen. Schalotten und Spargelstangen darin bei schwacher Hitze etwa 10 Minuten dünsten.

3 Mit dem Weißwein ablöschen. Die Gemüsebrühe dazugießen. Alles aufkochen und zugedeckt etwa 15 Minuten köcheln lassen.

4 Inzwischen die Spargelspitzen in kochendem Salzwasser in etwa 3 Minuten knackig garen, in ein Sieb geben, eiskalt abschrecken und gut abtropfen lassen.

5 Die Suppe mit dem Pürierstab pürieren. Die Crème fraîche unterrühren und die Suppe noch etwa 5 Minuten köcheln lassen. Mit Salz, Pfeffer, Muskat und Zitronensaft abschmecken.

6 Für die Lachsklößchen den Lachs im Mixer pürieren. Das Püree mit Eigelb, Zitronensaft und Semmelbröseln mischen. Mit Salz, Pfeffer und Cayennepfeffer kräftig würzen.

7 Den Kerbel waschen. Einige schöne Blättchen beiseite legen, den Rest fein hacken und unter die Lachsfarce mischen.

8 In einem breiten Topf Salzwasser zum Kochen bringen. Aus der Lachsfarce mit zwei Teelöffeln Nocken abstechen und im leicht siedenden Salzwasser etwa 5 Minuten garziehen lassen.

9 Die Lachsklößchen herausnehmen und gut abtropfen lassen. Die Suppe in eine Terrine füllen, die Klößchen mit den Spargelspitzen hineingeben und mit den Kerbelblättchen bestreuen. Die Suppe auf einem Rechaud warm halten.

Tip

Sie können Suppe und Lachsklößchen am Vortag zubereiten und getrennt kalt stellen.

Varianten

Anstelle des grünen Spargels können Sie Zuckerschoten oder Erbsen verwenden.

Schmeckt gut und macht wenig Arbeit: Statt der Klößchen feine Streifen von Räucherlachs auf die Suppe streuen.

Raffiniert

Zutaten für 8–10 Personen:

Für die Suppe:
1,5 kg grüner Spargel
5 Schalotten
3 Eßl. Butter
1/4 l trockener Weißwein (ersatzweise Gemüsebrühe)
1 l Gemüsebrühe
Salz
200 g Crème fraîche
weißer Pfeffer, frisch gemahlen
1 Prise Muskatnuß, frisch gerieben
etwas Zitronensaft

Für die Lachsklößchen:
350 g frischer Lachs
1 Eigelb
etwas Zitronensaft
3 Eßl. Semmelbrösel
Salz
weißer Pfeffer, frisch gemahlen
1 Prise Cayennepfeffer
1 Handvoll Kerbel

Zubereitungszeit:
etwa 1 Stunde

Haltbarkeit:
im Kühlschrank 2 Tage

1 Für die Sesam-Zöpfchen die Hefe zerbröckeln. Mit dem Honig und 1/4 l lauwarmem Wasser in eine Schüssel geben. Alles verrühren, bis sich die Hefe ganz aufgelöst hat.

2 Nach und nach die Haferflocken, den Sesam, das Mehl, das Öl und das Salz hinzufügen und alles zu einem glatten Teig verkneten. Den Teig zu einer Kugel formen und zugedeckt etwa 50 Minuten gehen lassen.

3 Während der Teig geht, für die Zwiebelbrötchen den Quark abtropfen lassen und mit der Milch in eine Schüssel geben. Die Eier, 8 Eßlöffel Öl und das Salz hinzufügen und alles mit den Schneebesen des elektrischen Handrührgerätes verrühren.

4 Das Mehl mit dem Backpulver mischen, über die Quarkmasse sieben und alles, am besten mit den Händen, zu einem geschmeidigen Teig verkneten.

5 Den Backofen auf 200° vorheizen. Die Zwiebel schälen, fein hacken und im restlichen Öl in einer kleinen Pfanne hellbraun braten. Etwas abkühlen lassen und unter den Teig mischen.

6 Ein Backblech einfetten oder mit Backpapier auslegen. Aus dem Teig eine Rolle formen, in 12 gleich große Stücke teilen und diese rund formen. Die Brötchen auf das Backblech setzen und im Backofen (Mitte, Umluft 180°) etwa 20 Minuten backen.

7 Ein zweites Backblech einfetten oder mit Backpapier auslegen. Den Teig für die Sesam-Zöpfchen in 8–10 gleich große Stücke teilen. Auf einer bemehlten Arbeitsfläche aus jedem Teigstück drei etwa 15 cm lange Stränge rollen. Diese zu Zöpfen flechten und auf das Backblech setzen. Die Zöpfchen noch etwa 20 Minuten gehen lassen. Den Backofen auf 225° vorheizen.

8 Die Zöpfchen im Backofen (Mitte, Umluft 200°) etwa 15 Minuten backen. Frisch aus dem Ofen schmecken die Zöpfchen besonders gut.

Tip

Dazu paßt diese Rucola-Creme: 125 g weiche Butter mit 250 g Quark verrühren. 2 Knoblauchzehen schälen und dazupressen. Die Creme mit Salz, Pfeffer und etwas Zitronensaft abschmecken. 1 Bund Rucola waschen, fein hacken und untermischen. Die Creme kalt stellen.

Braucht etwas Zeit

Zutaten für etwa 20 Stück:

Sesam-Zöpfchen
30 g frische Hefe
1 Eßl. Honig
75 g Haferflocken
50 g Sesam
380 g Mehl
2 Eßl. Öl
1 Teel. Salz
Fett oder Backpapier für das Backblech
Mehl für die Arbeitsfläche

Zwiebelbrötchen
250 g Quark (10% Fett i. Tr.)
8 Eßl. Milch
2 Eier
9 Eßl. Öl
2 Teel. Salz
500 g Mehl
1 Päckchen Backpulver
1 große Zwiebel
Fett oder Backpapier für das Backblech
Mehl für die Arbeitsfläche

Zubereitungszeit:
etwa 2 Stunden

Haltbarkeit:
2 Tage

Varianten

Statt der Tiefseegarnelen 600 g Kasseler-Aufschnitt in etwa 1 cm große Würfel schneiden. Anstelle von Basilikum Schnittlauch oder Frühlingszwiebeln nehmen.

600 g Hühnerbrustfilet oder Putenschnitzel in Streifen schneiden, in etwas Butter rundum anbraten und statt der Garnelen unter den Salat mischen.

1 Die Erbsen in kochendem Salzwasser etwa 3 Minuten blanchieren, in ein Sieb schütten, eiskalt abbrausen und sehr gut abtropfen lassen.

2 Die Kirschtomaten waschen und vierteln. Mit den Garnelen und den Erbsen in eine Schüssel füllen.

3 Das Basilikum waschen. Die Blättchen abzupfen, einige zum Garnieren beiseite legen. Von den restlichen Blättchen kleine ganz lassen, große in Streifen schneiden und über die Salatzutaten streuen.

4 Zitronensaft, Salz, Pfeffer, Senf und Sojaöl mit dem Schneebesen cremig rühren.

5 Die Sauce über den Salat gießen und alle Zutaten vorsichtig mischen. Den Salat zugedeckt mindestens 30 Minuten im Kühlschrank durchziehen lassen. Vor dem Servieren nochmals durchmischen und, falls nötig, nachwürzen.

Gelingt leicht • Exclusiv

Zutaten für 8–10 Personen:

150 g tiefgekühlte Erbsen
Salz
500 g Kirschtomaten
600 g gegarte und geschälte Tiefseegarnelen
2 Bund Basilikum
Saft von 1 Zitrone
weißer Pfeffer, frisch gemahlen
1 Teel. scharfer Senf
5 Eßl. Sojaöl

Zubereitungszeit:
etwa 50 Minuten (davon mindestend 30 Minuten Ruhezeit)

Haltbarkeit:
zugedeckt im Kühlschrank 1 Tag

1 Die Butter in eine Schüssel geben. Mit den Knethaken des elektrischen Handrührgerätes den Zucker und das Ei unterrühren. Nach und nach das Mehl einarbeiten, bis ein geschmeidiger Teig entstanden ist. Den Teig zu einer Kugel formen und zugedeckt für etwa 30 Minuten in den Kühlschrank stellen.

2 Für den Belag die Eier mit dem Zucker verrühren. Die Limetten heiß abwaschen, abtrocknen, die Schale abreiben und die Früchte auspressen. Ein Drittel des Limettensaftes mit dem Schneebesen unter die Eier-Zucker-Mischung rühren. Die Butter zerlassen. Mit der Crème fraîche, den Mandeln, der Limettenschale und dem restlichen Limettensaft darunterrühren.

3 Den Backofen auf 220° vorheizen. Die Förmchen gut einfetten.

4 Den Teig auf einer bemehlten Arbeitsfläche dünn ausrollen. Kreise von 10–12 cm Durchmesser ausschneiden oder ausstechen und die Förmchen damit auslegen. Die Eiercreme hineingießen. Die Törtchen im Backofen (Mitte, Umluft 200°) etwa 30 Minuten backen.

5 Die Törtchen herausnehmen und etwas abkühlen lassen. Dann aus den Förmchen lösen, dünn mit Puderzucker bestäuben und auf einer Platte anrichten.

Tip

Wenn's ganz schnell gehen soll, fertige Mürbeteigtorteletts kaufen. 250 g Mascarpone mit 150 g Himbeeren und 3 Eßlöffeln Puderzucker pürieren. Die Creme in die Törtchen füllen, mit Himbeeren garnieren und dünn mit Puderzucker bestäuben.

Läßt sich gut vorbereiten

Zutaten für 8–10 Förmchen von 8–10 cm Ø:

Für den Teig:
100 g weiche Butter
75 g Zucker
1 Ei
200 g Mehl

Für den Belag:
2 Eier
100 g Zucker
3 Limetten
50 g Butter
3 Eßl. Crème fraîche
50 g geschälte gemahlene Mandeln

Außerdem:
Fett für die Förmchen
Mehl für die Arbeitsfläche
Puderzucker zum Bestäuben

Zubereitungszeit:
etwa 1 1/4 Stunden

Haltbarkeit:
zugedeckt im Kühlschrank bis zu 2 Tagen

Ein bißchen Organisation muß sein

3 Wochen vorher
- Schriftlich oder telefonisch einladen.

1 Woche vorher
- Falls nötig, Geschirr, Gläser und Besteck organisieren (Partyservice, steht im Branchenbuch).
- Getränke und haltbare Lebensmittel, Kerzen für Leuchter und Stövchen einkaufen.
- Brot bestellen.
- Blumenschmuck bestellen.

2 Tage vorher
- Buffet aufbauen, Tisch und Stühle bereitstellen.

1 Tag vorher
- Tisch decken.
- Getränke kalt stellen.
- Dekorieren (außer Blumenschmuck).

Am Tag der Einladung
- Speisen anrichten und auf das Buffet stellen.

Was Sie vorbereiten können

2 Tage vorher
- Die Schinkenterrine zubereiten und zugedeckt in den Kühlschrank stellen.

1 Tag vorher
- Die Spargelcremesuppe und die Masse für die Lachsklößchen zubereiten. Sie können die Lachsklößchen auch vorgaren und tiefkühlen.
- Für den Garnelensalat die Garnelen mit den blanchierten Erbsen in der Marinade über Nacht durchziehen lassen. Die Kirschtomaten und das Basilikum erst kurz vor dem Servieren unterheben.

Was sonst noch dazu paßt

- Roastbeef im Ganzen gebraten, in dünne Scheiben geschnitten, dazu Meerrettichsahne. Das Roastbeef läßt sich prima schon 2 Tage vorher braten. Am Tag der Einladung müssen Sie es dann nur noch in dünne Scheiben schneiden und auf einer Platte anrichten.
So braten Sie Roastbeef:
1 kg Rinderlende im Backofen (Mitte) bei 250° (Umluft 230°) in etwa 15 Minuten von allen Seiten anbraten. Dann die Hitze auf 180° reduzieren und das Roastbeef noch etwa 30 Minuten garen. Herausnehmen, in Alufolie wickeln und vor dem Anschneiden mindestens 15 Minuten ruhen lassen.

- Eine Auswahl von Räucherfischen wie Lachs, Forellenfilets und Aal mit Zitronenachteln dekorativ auf einer Platte anrichten und mit Dill garnieren.

• Ganz luxuriös ist Kaviar (beispielsweise Beluga oder Sevruga), in einer Schale auf gestoßenem Eis präsentiert. Lachs- und Forellenkaviar schmecken ebenfalls sehr gut, sehen appetitlich aus und sind wesentlich preiswerter.

• Verschiedene Sorten von Pasteten und Terrinen (Wildpastete, Geflügelpastete, Fischterrine) aus einem guten Feinkostgeschäft getrennt auf Platten anrichten. Dazu fertige Saucen, beispielsweise Cumberlandsauce und Aïoli, reichen.

• Eine üppige Käseplatte: Es sollten mindestens fünf unterschiedliche Sorten sein. Richten Sie zum Beispiel Roquefort, Appenzeller, Taleggio, alten Gouda, reifen Brie oder Camembert auf einer Marmorplatte mit frischen Feigen, Birnen und Trauben an.

• Unterschiedliche Brotsorten wie Bauernbrot, Brötchen, Vollkornbrot, Baguette (möglichst frisch aufgebacken) und Toast. Extratip: Einen Toaster mit aufs Buffet stellen, dann kann sich jeder selbst bedienen.

• Frischgepreßten Orangen- und Grapefruitsaft in Karaffen bereitstellen. Außerdem gekühlten Champagner, Sekt, Cava (spanischer Sekt) oder Prosecco. Eventuell Wein und auf jeden Fall Mineralwasser kalt stellen. Gläser für die Getränke nicht vergessen.

Schmücken und dekorieren

• Weiß mit Silber wirkt besonders festlich. Geschirr, Besteck und Tischwäsche in diesen Farben sind einfach zu beschaffen (Partyservice, steht im Branchenbuch).
• Decken Sie den Tisch aufwendig, beispielsweise mit silbernen Platztellern. Jeder Gast hat ein Gedeck bestehend aus Tasse, Untertasse, Teller, Besteck und Serviette. Stellen Sie auf dem Buffet weitere Teller, zusätzliches Besteck und auch Gläser bereit.
• Exotische Früchte passen zu diesem Luxusfrühstück und sind gleichzeitig eine schöne Dekoration. Kaufen Sie keine großen Mengen, dafür viele verschiedene Sorten: Ananas, Lychees, Papaya, Mango, Karambolen, frische Feigen. Auf einer mit Palmblättern (aus dem Blumenladen) ausgelegten Schale wirken die Früchte besonders kostbar.

Kleine Extras

• Das Tischtuch fürs Buffet, auf dem die Speisen angerichtet sind, einfach locker, mit großzügigem Faltenwurf drapieren.
• Toll wirkt ein erhöhter Aufsatz: Einfach zwei dicke Bücher auf den Tisch setzen, ein passendes Brett darauf legen und das Ganze mit einem Tischtuch abdecken.
• Tee sieht in einer Silberkanne besonders schön aus und bleibt auch lange warm.
• Wichtig: Spargelcremesuppe ebenso wie Tee und Kaffee auf Stövchen warm halten.
• Sorgt für festliche Stimmung: dezente Tafelmusik, beispielsweise von Klavier, Flöte oder Cembalo.

Genüßlich zu zweit

Lange ausschlafen und dann so richtig ausgiebig bis in den Nachmittag hinein schlemmen: Mit frisch gepreßtem Saft, duftendem Kaffee und ofenwarmem Brot. Dazu gibt es leckere Kleinigkeiten wie Sahne-Kerbel-Rührei, Scampi auf Spinat, Salat mit Roastbeef, würzige Roquefortcreme mit frischen Feigen und zum süßen Abschluß gefüllte Babyananas. Wenn Sie dann noch Ihre Lieblingsmusik dazu hören, kann selbst ein verregneter Sonntag zum Hochgenuß werden.

Varianten

Noch raffinierter wird das Rührei, wenn Sie 100 g Räucherlachs in schmalen Streifen oder Krabben untermischen.

Herzhaft schmeckt das Rührei mit Speck und Zwiebel: 1 kleine Zwiebel und 100 g mageren Speck klein würfeln, in 1 Eßlöffel Butter etwa 5 Minuten andünsten. Dann die Eier darüber gießen und stocken lassen.

Tip

Toastbrote rösten und mit einer Herz-Form ausstechen.

1 Den Kerbel waschen, einige Blättchen zum Garnieren beiseite legen, die restlichen Blättchen fein hacken.

2 Die Eier aufschlagen, in eine Schüssel geben und mit der Crème fraîche verquirlen. Mit Salz, Pfeffer und Cayennepfeffer würzen.

3 Die Butter in einer beschichteten Pfanne erhitzen (am besten eignet sich eine beschichtete Pfanne). Den Kerbel darin kurz andünsten.

4 Die verquirlten Eier in die Pfanne gießen und bei schwacher Hitze stocken lassen, dabei immer wieder umrühren.

5 Das Rührei auf eine vorgewärmte Platte gleiten lassen oder auf zwei Teller geben und mit einigen Kerbelblättchen garnieren.

Gelingt leicht

Zutaten für 2 Personen:

1 Handvoll Kerbel
4 Eier
3 Eßl. Crème fraîche
Salz
weißer Pfeffer, frisch gemahlen
1 Msp. Cayennepfeffer
1 Eßl. Butter

Zubereitungszeit:
etwa 15 Minuten

Varianten

Anstelle des Roastbeefs können Sie Bündnerfleisch oder gekochten Saftschinken verwenden. Auch Räucherlachs in dünnen Scheiben schmeckt mit dieser Marinade gut.

Tip

Zum Salat mit Roastbeef passen Baguettes: Dafür 480 g Mehl (Type 480 oder 550) mit 2 Teelöffeln Salz in einer Schüssel mischen. 1 1/2 Päckchen Trockenhefe mit 1 Prise Zucker und 300 ml Wasser auflösen und mit den Knethaken des elektrischen Handrührgerätes unterarbeiten, dabei 2 Eßlöffel Öl dazugeben. Den Teig zugedeckt an einem warmen Ort etwa 30 Minuten gehen lassen. Den Backofen auf 220° vorheizen. Den Teig halbieren. Jede Hälfte zu einer 30–40 cm langen Rolle formen und mehrmals einkerben. Die Rollen auf ein mit Backpapier ausgelegtes Backblech setzen und im Backofen (Mitte, Umluft 200°) 25–30 Minuten backen. Extratip: Den Teig schon am Abend kneten und zugedeckt über Nacht im Kühlschrank gehen lassen.

1 Die Roastbeefscheiben in etwa 1 cm breite Streifen schneiden und locker auf einer Platte anrichten.

2 In einer Schüssel aus Olivenöl, Essig, Senf, Salz und Pfeffer mit dem Schneebesen eine cremige Sauce rühren.

3 Die Frühlingszwiebeln putzen, waschen und schräg in schmale Ringe schneiden. Die Radieschen putzen, waschen, vierteln und in Streifen schneiden. Die Kapern abtropfen lassen. Radieschen, Frühlingszwiebeln und Kapern in die Sauce geben und alles gründlich mischen.

4 Die Vinaigrette auf dem Roastbeef verteilen. Das Roastbeef vor dem Servieren etwa 30 Minuten durchziehen lassen.

Gelingt leicht

Zutaten für 2 Personen:

300 g Roastbeef in Scheiben
3 Eßl. Olivenöl
2 Eßl. Weißweinessig
1 Msp. mittelscharfer Senf
Salz
schwarzer Pfeffer, frisch gemahlen
2 Frühlingszwiebeln
1/2 Bund Radieschen
1 kleines Gläschen Kapern (20 g Abtropfgewicht)

Zubereitungszeit:
15 Minuten (plus 30 Minuten Marinierzeit)

1 Von den Scampi die Schalen so lösen, daß der Schwanz noch dran bleibt. Die Scampi am Rücken entlang aufschlitzen und den schwarzen Darm entfernen. Die Scampi unter kaltem Wasser abspülen und trockentupfen.

2 Den Knoblauch schälen und durch die Presse in eine Schüssel drücken. Mit dem Zitronensaft, Salz und Pfeffer verrühren. Die Scampi darin wenden und etwa 15 Minuten marinieren.

3 Inzwischen den Spinat verlesen, die Stiele abknipsen. Den Spinat waschen und gut abtropfen lassen.

4 Aus dem Aceto Balsamico, 3 Eßlöffeln Olivenöl, Salz und Pfeffer mit dem Schneebesen eine cremige Marinade rühren und beiseite stellen.

5 Die Scampi aus der Zitronen-Knoblauch-Marinade nehmen und abtupfen. Die Marinade beiseite stellen. Jeweils 1 Scampi auf 1 Schinkenscheibe legen und darin einrollen. Den Schinken mit einem Holzspießchen feststecken. Das restliche Olivenöl erhitzen, die Scampi darin rundum etwa 6 Minuten braten.

6 Den Spinat in der Essig-Öl-Marinade wenden und auf zwei Tellern verteilen. Die Scampi daneben anrichten und mit der restlichen Zitronen-Knoblauch-Marinade beträufeln.

Varianten

Anstelle des Spinats können Sie Rucola verwenden oder beide Sorten miteinander mischen. Natürlich paßt auch jede Sorte Blattsalat. Wenn's schnell gehen soll, nehmen Sie eine Blattsalatmischung, die es fertig im Supermarkt zu kaufen gibt.

Tip

Die Scampi schmecken auch kalt. Falls Sie das bevorzugen, können Sie sie schon am Vortag zubereiten und in den Kühlschrank stellen.

Exclusiv

Zutaten für 2 Personen:

6 rohe Scampi in der Schale
3 Knoblauchzehen
Saft von 1/2 Zitrone
Salz
schwarzer Pfeffer, frisch gemahlen
100 g frischer junger Spinat
2 Eßl. Aceto Balsamico (Balsamessig)
4 Eßl. Olivenöl, kaltgepreßt
6 dünne Scheiben Parmaschinken

Zubereitungszeit:
etwa 25 Minuten

Roquefortcreme mit Feigen

Tip

Die Feigen können Sie am Abend vorher aufschneiden, mit Portwein beträufeln und zugedeckt über Nacht kühl stellen.

Variante

Rotweinbirnen:
Dafür 2 kleine Birnen schälen, längs halbieren und die Kerngehäuse entfernen. Die Birnenhälften mit etwas Zitronensaft beträufeln, fächerförmig einschneiden und in einen Topf legen. 1/8 l Rotwein und so viel Wasser angießen, daß die Früchte knapp bedeckt sind. Die Flüssigkeit langsam aufkochen lassen. Die Birnen zugedeckt bei schwacher Hitze etwa 10 Minuten dünsten, im Sud abkühlen lassen. Von der Käsecreme Nocken abstechen und auf zwei Teller setzen. Die Birnenhälften auf Küchenpapier abtropfen lassen und neben den Nocken anrichten.

1 Den Roquefort in einem tiefen Teller mit einer Gabel fein zerdrücken, dabei die weiche Butter untermischen. Die Creme mit Salz, Pfeffer und Muskat würzen und die Hälfte der gehackten Pistazien untermischen, dann in einen Spritzbeutel mit großer Sterntülle füllen.

2 Die Feigen kurz abspülen, trockentupfen und längs vierteln.

3 Die Creme auf die Feigenviertel spritzen und die Feigen auf zwei Tellern anrichten. Die Creme mit den restlichen gehackten Pistazien bestreuen.

Schnell

Zutaten für 2 Personen:

120 g Roquefort
2 Eßl. weiche Butter
Salz
schwarzer Pfeffer, frisch gemahlen
1 Prise Muskatnuß, frisch gerieben
25 g gehackte Pistazien
4 frische Feigen

Zubereitungszeit:
etwa 10 Minuten

Haltbarkeit:
zugedeckt im Kühlschrank 3 Tage

Variante

Ananas mit Mangocreme:
1 große oder 2 Babyananas großzügig schälen und längs vierteln. Den inneren harten Strunk entfernen und das Fruchtfleisch in Würfel schneiden. 1 reife Mango schälen. Das Fruchtfleisch rund um den Kern abschneiden und im Mixer pürieren. 250 g Mascarpone mit dem Saft von 1/2 Zitrone, 2 cl weißem Rum und 2 Eßlöffeln Zucker in einer Schüssel verrühren. Das Mangopüree und 2 Eßlöffel Kokosflocken dazugeben. Alles verrühren und mit den Ananaswürfeln auf zwei Tellern anrichten.

Tip

Falls Sie keine Babyananas bekommen, kaufen sie eine große Ananas. Die Ananas halbieren und, wie im Rezept beschrieben, zubereiten. Den inneren harten Strunk auf jeden Fall entfernen, denn er schmeckt nicht und ist sehr fasrig.

1 Jede Ananas samt Schopf längs halbieren. Das Fruchtfleisch herauslösen und kleinschneiden.

2 Den Mascarpone mit dem Honig und dem Rum glattrühren. Die Hälfte der Kokosflocken und die Ananaswürfel untermischen. Die Creme in die Ananashälften verteilen.

3 Die Ananas etwa 30 Minuten kalt stellen. Die Ananashälften kurz vor dem Servieren mit Minzeblättchen garnieren und mit den restlichen Kokosflocken bestreuen.

Gelingt leicht

Zutaten für 2 Personen:

2 Babyananas
150 g Mascarpone
2 Eßl. Honig
3 Eßl. weißer Rum
1 Eßl. Kokosflocken
Minzeblättchen zum Garnieren

Zubereitungszeit:
etwa 20 Minuten (plus 30 Minuten Zeit zum Kühlen)

Was Sie vorbereiten können

1 Tag vorher

- Die Roquefortcreme zubereiten und zugedeckt kalt stellen.
- Die Scampi vorbereiten und mit dem Schinken umwickelt kalt stellen. Den Spinat putzen, waschen, gut abtropfen lassen und locker in eine Plastikdose oder in eine Plastiktüte füllen.
- Die Babyananas am Vorabend aushöhlen. Das Fruchtfleisch in eine Schüssel füllen und zugedeckt kalt stellen. Die Schalen mit den Schnittflächen nach unten auf einen Teller setzen und ebenfalls kalt stellen.

Kleine Extras

Schnelle Schokotrüffel zum Naschen
2 Tafeln Schokolade und 100 g Sahne bei schwacher Hitze schmelzen lassen. Die Masse im Kühlschrank etwa 1 Stunde fest werden lassen. Dann mit den Schneebesen des elektrischen Handrührgerätes aufschlagen und in einen Spritzbeutel mit Sterntülle füllen, dann rosettenförmig in Pralinenförmchen spritzen. Nach Belieben mit Zuckerperlen, gehackten Pistazien, Mokkabohnen oder Zuckerblümchen verzieren.

Fruchtiger Champagnercocktail
Dafür aromatische, reife Früchte (Pfirsiche, Mango, Himbeeren, Erdbeeren) pürieren. Je 1–2 Eßlöffel Fruchtpüree in Sektschalen füllen und mit eiskaltem trockenem Champagner aufgießen. Statt Champagner können Sie auch Prosecco oder Cava (spanischer Sekt) nehmen.

Schnelle Käsekekse zum Knabbern
Je 100 g Gorgonzola, Mehl und Butter verkneten und kalt stellen. Aus dem Teig walnußgroße Kugeln formen, in Sesamsamen wälzen und in großen Abständen auf ein gefettetes Blech setzen. Im auf 180° vorgeheizten Backofen (Mitte, Umluft 160°) in 20–25 Minuten knusprig backen. Die Kekse schmecken ganz frisch aus dem Ofen am besten.

Brötchen oder Brot zum Fertigbacken oder aus Frischteig schmecken gut, sind im Nu fertig und verbreiten einen besonders angenehmen Duft!

Schmücken und dekorieren

- Den Tisch besonders liebevoll mit Kerzen und frischen Blumen decken.
Damit der Tisch nicht zu voll steht, und Sie nicht so oft aufstehen müssen: einen Teewagen oder Beistelltisch dazustellen.
- Blütenblätter von Rosen abzupfen und auf den Tisch streuen oder eine Schale mit Wasser füllen, Schwimmkerzen und Blüten hineingeben.
- Im Sommer Salat mit Kräuterblüten oder Kapuzinerkresse garnieren.

Klassisch amerikanisch

Da fühlt man sich wie im Urlaub in den USA beim berühmten Sundaybrunch in einem der großen Hotels von New York, Miami oder San Francisco. Auf den Buffets dort gibt es eine phantastische Auswahl an warmen und kalten Gerichten. Einige der typischsten finden Sie in diesem Kapitel. Die Rezepte sind für sechs bis acht Personen berechnet: Bagels mit Räucherlachs, Eier »Benedict«, süß-sauer mariniertes Schweinefilet, Blaubeerpfannkuchen und frischer Fruchtsalat. Die meisten Gerichte lassen sich vorbereiten und sind am Tag der Einladung schnell fertig.

KETCHUP

1 Die Milch in einem Topf aufkochen lassen und sofort wieder vom Herd nehmen. Die Butter, den Zucker und das Salz dazugeben und so lange rühren, bis alles zergangen ist. Die Mischung in eine Schüssel geben und lauwarm abkühlen lassen.

2 Die Hefe zerbröckeln, unterrühren und zugedeckt etwa 10 Minuten gehen lassen.

3 Das Ei trennen. Das Eigelb beiseite stellen. Das Eiweiß mit dem Schneebesen unter die Hefemilch rühren, dann nach und nach das Mehl einarbeiten. Den Teig auf einer bemehlten Arbeitsfläche kneten, bis er glatt und geschmeidig ist. Zu einer Kugel formen und zugedeckt etwa 1 Stunde an einem warmen Ort gehen lassen.

4 Den Teig in zwölf gleich große Portionen teilen und diese zu Kugeln formen. Die Teigkugeln mit dem Handrücken etwas flachdrücken und in die Mitte mit dem Finger ein Loch von 1–2 cm Durchmesser drücken. Die Bagels auf einer bemehlten Arbeitsfläche zugedeckt nochmals etwa 10 Minuten gehen lassen.

5 Den Backofen auf 200° vorheizen. Ein Backblech einfetten oder mit Backpapier auslegen. In einem großen Topf reichlich Wasser aufkochen lassen. Die Bagels nacheinander kurz hineintauchen. Mit einem Schaumlöffel herausheben, abtropfen lassen und auf das Backblech legen.

6 Das Eigelb mit 1 Teelöffel kaltem Wasser verquirlen und die Bagels damit bestreichen. Die Bagels nach Belieben mit Mohn, Sesam oder grobem Salz bestreuen. Im vorgeheizten Backofen (Mitte, Umluft 180°) 25–30 Minuten backen. Herausnehmen und auf einem Kuchengitter abkühlen lassen.

7 Die Bagels aufschneiden, mit Frischkäse bestreichen, mit dem Lachs belegen und mit Dill und Salat garnieren.

Varianten

Bestreichen Sie die Bagels mit Frischkäse und stellen Sie in Scheiben geschnittene Tomaten, Zwiebelringe und Kapern dazu, so daß sich jeder Gast nach Belieben seinen Bagel auch vegetarisch belegen kann.

Statt Lachs schmeckt auch Schinken oder Salami. Wer's süß mag, genießt die Bagels mit Marmelade oder Honig.

Braucht etwas Zeit

Zutaten für 12 Stück:

1/4 l Milch
50 g Butter
1 Prise Zucker
1 Teel. Salz
1/2 Würfel Hefe (20 g)
1 Ei
400 g Weizenmehl
Mehl für die Arbeitsfläche
Fett oder Backpapier für das Backblech
nach Belieben Mohn, Sesam oder grobes Salz zum Bestreuen
300 g Frischkäse
250 g Räucherlachs in dünnen Scheiben
Dill und Salat zum Garnieren

Zubereitungszeit:
etwa 2 1/4 Stunden (davon 1 Stunde 20 Minuten Ruhezeit für den Teig und 30 Minuten Backzeit)

Haltbarkeit:
1 Tag

Stella's
DINER
BURGERS
GOOD EATS

Varianten

Wenn Sie es würzig mögen, sollten Sie die Eier einmal mit Gorgonzolasauce versuchen. Dafür 200 g Sahne erwärmen. 300 g Sahnegorgonzola darin auflösen. Die Sauce mit Pfeffer würzen und über die Eier gießen.

Ganz schnell ist diese Sauce fertig: 300 g Crème fraîche mit 1 Eßlöffel Tomatenmark verrühren, mit Salz, Pfeffer und etwas Cayennepfeffer würzen. 1 Bund Schnittlauch fein schneiden und unter die Crème fraîche mischen. Die Sauce über die Eier gießen und unter dem Grill kurz überbacken.

Tip

Besonders schön sehen die pochierten Eier auf Feldsalat oder auf gedünstetem Blattspinat aus.

1 Die Eigelbe in eine Schüssel geben und mit 2 Eßlöffeln kaltem Wasser verquirlen.

2 Dann die Schüssel in ein leicht siedendes Wasserbad setzen. Dafür in einem großen Topf Wasser erhitzen und die Schüssel hineinstellen. Die Butter eßlöffelweise mit dem Schneebesen unter die Eigelbe schlagen, bis die Sauce cremig geworden ist. Die Sauce mit 1 Prise Salz, Pfeffer und Zitronensaft abschmecken und im Wasserbad warm halten.

3 In einem Topf Wasser mit dem Essig und 1 Prise Salz aufkochen lassen. Die Eier nacheinander in eine Tasse aufschlagen und in das leicht siedende Wasser gleiten lassen. Etwa 4 Minuten darin ziehen lassen. Herausnehmen, abtropfen lassen.

4 Die Schinkenscheiben in 1 Eßlöffel Butter beidseitig anbraten. Das Toastbrot rösten und dünn mit der restlichen Butter bestreichen. Jeweils 1 Scheibe Schinken darauf legen und dann 1 pochiertes Ei darauf setzen. Mit Salz und Pfeffer würzen und die Sauce gleichmäßig darüber gießen. Mit etwas Paprikapulver bestreuen. Mit Zucchinischeiben, Tomatenröschen und Petersilie garnieren.

Klassiker

Zutaten für 6–8 Personen:

4 Eigelb
200 g weiche Butter
Salz
weißer Pfeffer, frisch gemahlen
1 Teel. Zitronensaft
2 Eßl. Essig
6–8 Eier
6–8 Scheiben gekochter Schinken
3 Eßl. Butter
6–8 Scheiben Toastbrot
Paprikapulver, edelsüß
Zucchinischeiben, Tomatenröschen und Petersilie zum Garnieren

Zubereitungszeit:
etwa 30 Minuten

BURGERS
Stella's
DINER

Variante

Wenn Sie keine Zeit zum Marinieren haben, braten Sie das Schweinefilet wie beschrieben, lassen es abkühlen und schneiden es in Scheiben. Dazu paßt ein Senfdip. Dafür 250 g Quark (40% Fett i. Tr.) mit 3–4 Eßlöffeln Senf verrühren. 1 Bund Schnittlauch waschen, fein schneiden und unterrühren. Den Dip mit Salz und Pfeffer würzen.

1 Das Fleisch kalt abspülen und trockentupfen. Die Orangenmarmelade in eine große Schüssel füllen. Senf, Sherry und Sojasauce dazugeben. Den Knoblauch schälen und durch die Presse dazudrücken.

2 Die Ingwerwurzel schälen, fein reiben und dazugeben. Alles gut verrühren und dabei das Sesamöl untermischen.

3 Das Schweinefilet in die Marinade legen und, am besten über Nacht, im Kühlschrank zugedeckt marinieren, dabei einmal wenden.

4 Den Backofen auf 190° vorheizen. Das Schweinefilet aus der Marinade nehmen und in einen Bräter setzen. Zugedeckt im Backofen (Mitte, Umluft 170°) etwa 45 Minuten garen. Dabei einmal wenden und immer wieder mit der Marinade beträufeln. Herausnehmen, abkühlen lassen und in möglichst dünne Scheiben schneiden. Die Scheiben auf einer Platte anrichten und mit dem Bratenfond beträufeln. Dazu passen knuspriger Toast und würzige Knoblauchbutter.

Läßt sich gut vorbereiten

Zutaten für 6–8 Personen:

800 g Schweinefilet
5 Eßl. Orangenmarmelade
3 Eßl. Dijon-Senf
4 cl trockener Sherry (ersatzweise Orangensaft)
4 cl salzige Sojasauce
2 Knoblauchzehen
1 Stück frischer Ingwer (etwa 2 cm)
2 Eßl. geröstetes Sesamöl

Zubereitungszeit:
etwa 1 Stunde (plus 12 Stunden Marinierzeit)

Haltbarkeit:
zugedeckt im Kühlschrank 4 Tage

Gelingt leicht

Zutaten für etwa 16 Stück:

200 g Mehl
1 Teel. Backpulver
2 Eier
125 g saure Sahne
375 ml Milch
1 Prise Salz
50 g Zucker
40 g Butter
250 g Heidelbeeren (frisch oder tiefgekühlt)
Butterschmalz zum Ausbacken
4 Eßl. Ahornsirup

Zubereitungszeit:
etwa 1 1/2 Stunden

1 Das Mehl mit dem Backpulver in einer Rührschüssel mischen. Die Eier, die saure Sahne, die Milch, das Salz und den Zucker dazugeben. Alles mit den Schneebesen des elektrischen Handrührgerätes verrühren, bis keine Klümpchen mehr zu sehen sind.

2 Die Butter zerlassen, etwas abkühlen lassen und unter den Teig rühren. Den Teig zugedeckt etwa 30 Minuten quellen lassen.

3 Inzwischen die frischen Heidelbeeren, falls nötig, putzen, waschen und trockentupfen. Tiefgekühlte Beeren nicht auftauen.

4 Aus dem Teig etwa 16 kleine Pfannkuchen von etwa 10 cm Durchmesser backen. Dafür jeweils etwas Butterschmalz in einer großen beschichteten Pfanne erhitzen und für 3–4 Pfannkuchen jeweils 2 Eßlöffel Teig hineingeben. Einige Heidelbeeren darauf verteilen. Die Pfannkuchen etwa 3 Minuten backen, dann wenden und in etwa 1 Minute fertigbacken.

5 Die Pfannkuchen warm stellen. Vor dem Servieren mit Ahornsirup beträufeln.

Varianten

Apfelpfannkuchen:
2 säuerliche Äpfel schälen, vierteln und von den Kerngehäusen befreien. Die Viertel quer in dünne Scheiben schneiden und mit Zimt bestreuen. Die Pfannkuchen backen wie im Rezept beschrieben.

Auch ohne Obst schmecken die Pfannkuchen sehr gut. Reichen Sie dann den Ahornsirup getrennt dazu, damit sie jeder nach Geschmack süßen kann.

Tip

Die Pfannkuchen übereinander in eine feuerfeste Form legen und bis zum Servieren im auf 80° vorgeheizten Backofen (Mitte, Umluft 60°) warm stellen.

Tips

In den USA wird der Fruchtsalat gerne mit einem Klacks Cottage cheese (körniger Frischkäse) gegessen.

Besonders dekorativ wirkt der Fruchtsalat, wenn Sie ihn in einer ausgehöhlten Wassermelone anrichten. Das Fruchtfleisch der Melone entkernen, in Würfel schneiden und statt der Honigmelone unter den Salat mischen.

1 Die Äpfel waschen und trockenreiben. Dann vierteln, von den Kerngehäusen befreien und in große Würfel schneiden. Sofort mit etwa 1 Eßlöffel von dem Zitronensaft beträufeln, damit sich das Fruchtfleisch nicht verfärbt.

2 Die Grapefruits so schälen, daß die weiße Innenhaut mit entfernt wird. Die Filets vorsichtig aus den Zwischenhäuten lösen und grob zerschneiden.

3 Die Kiwis schälen, vierteln und in Stücke schneiden. Die Melone halbieren und entkernen. Das Fruchtfleisch nach Belieben mit dem Kugelausstecher herauslösen oder aus der Schale schneiden und in der Größe der anderen Fruchtstücke würfeln.

4 Die Weintrauben waschen, abzupfen, halbieren und entkernen. Die Walnüsse grob hacken. Beides zu den anderen Früchten geben.

5 Den restlichen Zitronensaft mit dem Ahornsirup verrühren und über den Obstsalat geben. Den Salat vorsichtig durchmischen. Bis zum Servieren zugedeckt kalt stellen.

Erfrischend

Zutaten für 6–8 Personen:

2 säuerliche Äpfel (beispielsweise Granny Smith)
Saft von 2 Zitronen
2 rosa Grapefruits
4 Kiwis
1 Netz- oder Honigmelone
250 g blaue Weintrauben
50 g Walnüsse
5 Eßl. Ahornsirup

Zubereitungszeit:
etwa 30 Minuten (plus 30 Minuten Zeit zum Kühlen)

Was Sie vorbereiten können

2 Tage vorher

- Das Schweinefilet zubereiten und zugedeckt kalt stellen. Am Tag der Einladung aufschneiden und anrichten.

1 Tag vorher

- Bagels backen und vor dem Servieren nochmals kurz in den Ofen schieben.
- Für die Blaubeerpfannkuchen die frischen Früchte und den Teig vorbereiten.

1 Stunde vorher

- Für den Fruchtsalat die Früchte vorbereiten, mit Zitronensaft beträufeln und kalt stellen.

Was sonst noch dazu paßt

Thunfisch-Sandwichspread
1 Zwiebel schälen und fein hacken. 2 Stangen Sellerie waschen, längs halbieren und in kleine Stücke schneiden. 2 Dosen Thunfisch im eigenen Saft abgießen. Den Fisch mit einer Gabel zerpflücken, mit 4–5 Eßlöffeln Mayonnaise, der Zwiebel und dem Sellerie mischen. Mit Zitronensaft, Salz und Pfeffer würzen.

French Toast
1/4 l Milch mit 8 Eßlöffeln Sahne, 2 Eiern, 2 gehäuften Eßlöffeln Zucker, etwas Zimt und Muskatnuß verquirlen. Pro Person 2 dicke Weißbrot- oder Baguettescheiben etwa 5 Minuten darin einweichen. In reichlich Butter von beiden Seiten goldbraun braten, mit Puderzucker bestäuben und mit Kleehonig, Ahornsirup oder Konfitüre servieren.

Hash Browns
Das sind Bratkartoffeln, die nicht aus gekochten, sondern im Ofen gebackenen Kartoffeln zubereitet werden. Das macht ein bißchen mehr Mühe, aber es lohnt sich. Pro Person 1 große Ofenkartoffel schälen, in Stücke schneiden und mit gehackter Zwiebel in Butter oder ausgebratenem Frühstücksspeck knusprig braten. Mit Salz, Pfeffer und Cayennepfeffer würzen.

Popcorn
Jede Menge und ganz frisch gepoppt: 3 Eßlöffel Öl in einem großen Topf erhitzen. 50 g Popcorn-Mais hineingeben. Zugedeckt bei mittlerer Hitze 5–10 Minuten poppen lassen, bis alle Körner aufgeplatzt sind. Dabei den Topf häufig rütteln. Das Popcorn in eine Schüssel füllen und sofort mit 50 g Zucker bestreuen. Schmeckt ganz frisch einfach super!

Nicht vergessen! Verschiedene Sorten Ketchup und andere amerikanische Würzsaucen wie Tabasco und HP-Sauce sowie eine gute Mayonnaise.

Schmücken und dekorieren

- Den Tisch in den amerikanischen Farben decken: Weiß, Rot, Blau.
- Musikalischer Background: amerikanische Oldies (Frank Sinatra, Louis Armstrong, Glenn Miller) oder die neuesten Hits aus den Charts.
- Kunstposter, zum Beispiel von Andy Warhol, oder typische Landschafts- und Städteposter (Grand Canyon, Manhattan) schaffen cooles, amerikanisches Ambiente.

So genießt Europa

Ein Frühstück für Leute, die Abwechslung lieben: Gehen Sie mit Ihren Gästen auf Schlemmerreise und genießen Sie einen Brunch mit Spezialitäten aus europäischen Ländern. Einige kennen Sie sicher schon und werden damit an einen schönen Urlaub erinnert. Andere sind neu und machen vielleicht Lust, dorthin zu reisen, wo sie herkommen. Die Rezepte in diesem Kapitel sind für sechs bis acht Personen berechnet.

Varianten

Ersetzen Sie die Tomaten durch die gleiche Menge blanchierte Erbsen, durch blanchierte Lauchringe oder bunt gemischte, blanchierte Gemüsewürfelchen.

Anstelle der Tomaten 2 kleine Zucchini (etwa 250 g) klein würfeln, mit 50 g Speckwürfeln und 1 feingehackten Zwiebel andünsten. Die verquirlten Eier darüber gießen und stocken lassen.

Tip

Falls Sie keine große Pfanne haben, verwenden Sie einfach eine kleine und bereiten zwei Tortillas nacheinander zu.

1 Die Kirschtomaten kreuzweise einritzen, kurz in kochendes Wasser geben, kalt abschrecken, häuten und quer halbieren. Die Petersilie waschen. Die Blättchen abzupfen und fein hacken.

2 In einer Schüssel die Eier verquirlen und mit Salz, Pfeffer und Muskat würzen. Die Petersilie dazugeben und unterrühren.

3 Die Zwiebeln schälen und in feine Ringe hobeln oder schneiden. In einer großen beschichteten Pfanne (28 cm Ø) das Olivenöl erhitzen und die Zwiebelringe darin in etwa 5 Minuten weich dünsten. Den Knoblauch schälen und dazupressen.

4 Die verquirlten Eier über die Zwiebel-Knoblauch-Mischung gießen. Die Kirschtomaten darauf verteilen. Einen Deckel auflegen und die Eiermasse in 8–10 Minuten bei schwacher Hitze stocken lassen.

5 Die Tomaten-Tortilla mit einem Pfannenwender vom Rand lösen und auf eine Platte gleiten lassen. Gleich zu Tisch bringen. Die Tortilla wie einen Kuchen in Stücke schneiden.

Spezialität aus Spanien

Zutaten für 6–8 Personen:

250 g Kirschtomaten
1 Bund Petersilie
8 Eier
Salz
schwarzer Pfeffer, frisch gemahlen
Muskatnuß, frisch gerieben
2 Zwiebeln
4 Eßl. Olivenöl
4 Knoblauchzehen

Zubereitungszeit:
etwa 30 Minuten

Tip

Die Saltimbocca lassen sich gut vorbereiten und schmecken auch kalt ganz köstlich.

Variante

Die Schnitzelchen ohne Schinken und Salbei braten und zum Schluß mit dem Saft von 2 Zitronen ablöschen. Auf einer Platte anrichten, mit dem Zitronensaft übergießen. 1 unbehandelte Zitrone in dünne Scheiben schneiden. Die Schnitzelchen damit belegen und über Nacht zugedeckt im Kühlschrank ziehen lassen.

1 Die Kalbsschnitzel beidseitig leicht salzen und pfeffern.

2 Jeweils 1 Scheibe Schinken darauf legen, dann die Schnitzel samt Schinken in 3 Teile schneiden.

3 Den Salbei waschen und die Blättchen abzupfen. Auf jedes Fleischstück 1 Salbeiblättchen legen. Samt dem Schinken mit einem Holzspießchen feststecken.

4 Die Butter in einer Pfanne erhitzen und die Schnitzelchen darin 3–4 Minuten braten, dabei einmal wenden. Herausnehmen und auf einer Platte anrichten. Den Marsala in die Pfanne gießen und den Bratensatz loskochen. Die Sauce mit Salz und Pfeffer würzen und über die Saltimbocca gießen.

5 Die Saltimbocca gleich servieren. Dazu paßt toskanisches Weißbrot.

Spezialität aus Italien

Zutaten für 6–8 Personen:

6–8 dünne Kalbsschnitzel (je etwa 100 g)
Salz
schwarzer Pfeffer, frisch gemahlen
6–8 dünne Scheiben Parmaschinken
1 kleiner Bund frischer Salbei
6–8 Holzspießchen
3 Eßl. Butter
8 cl Marsala oder trockener Weißwein (ersatzweise Brühe)

Zubereitungszeit:
etwa 30 Minuten

Haltbarkeit:
im Kühlschrank 2 Tage

Spezialität aus Griechenland

Zutaten für 8–10 Personen:

1 großer Kopfsalat
1 Salatgurke
2 Paprikaschoten
600 g Fleischtomaten
2 kleine Zwiebeln
250 g griechischer Schafkäse
150 g schwarze Oliven
Saft von 2 Zitronen
6 Eßl. Olivenöl
Salz
schwarzer Pfeffer, frisch gemahlen
1 kleines Bund Oregano (ersatzweise 1 Eßlöffel getrockneter Oregano)

Zubereitungszeit:
etwa 35 Minuten

1 Den Salat putzen, waschen, zerpflücken und gut abtropfen lassen. Die Blätter auf einer Platte auslegen.

2 Die Gurke schälen, längs vierteln und in etwa 2 cm große Würfel schneiden. Die Paprikaschoten halbieren und die Kerngehäuse entfernen. Die Schoten waschen, die Hälften längs vierteln und quer in etwa 2 cm große Stücke schneiden.

3 Die Tomaten waschen und achteln, dabei die Stielansätze entfernen. Mit den Gurken- und Paprikastücken auf dem Salatbett verteilen. Die Zwiebeln schälen und in nicht zu dünne Ringe schneiden. Auf den übrigen Zutaten verteilen.

4 Den Käse grob zerbröckeln und mit den Oliven über die Zwiebeln streuen. Aus Zitronensaft, Olivenöl, Salz und Pfeffer mit dem Scheebesen eine cremige Marinade rühren und darüber gießen. Den Oregano waschen. Die Blättchen abzupfen und klein hacken. Den Salat damit bestreuen.

Tip
Dazu paßt Fladenbrot besonders gut, das es in griechischen und türkischen Läden zu kaufen gibt. Es läßt sich auch gut aufbacken: Das Brot dafür vorher in breite Streifen schneiden, dann geht es schneller.

Varianten
Anstelle des Feta 1–2 Dosen Thunfisch gut abtropfen lassen, zerteilen und unter den Salat mischen.

Sehr würzig schmeckt der Salat auch, wenn Sie statt des Feta 150 g Blauschimmelkäse wie Roquefort oder Gorgonzola zerdrücken, mit einer Vinaigrette aus Essig und Öl mischen und den Salat damit marinieren.

Zusätzlich können Sie noch 150 g gekochten Schinken in Streifen schneiden und unter den Salat mischen.

Tips

Dazu passen Rahm-Kartoffeln mit Dill: Dafür 800 g gewürfelte Kartoffeln mit 1 großen, gehackten Zwiebel in 3 Eßlöffeln Butter andünsten. 200 ml Milch und 300 g Sahne dazugießen. Alles etwa 20 Minuten garen. Mit Salz, Pfeffer, Muskatnuß und reichlich gehacktem Dill würzen.

Sie können den Lachs bis zu 4 Wochen vor der Einladung zubereiten und dann einfrieren. Den Lachs 1 Tag vor dem Brunch aus dem Tiefkühlgerät nehmen und im Kühlschrank auftauen lassen.

1 Den Lachs kalt abspülen und trockentupfen. Falls nötig, noch vorhandene Gräten mit einer Pinzette entfernen. Den Lachs mit dem Öl einpinseln und in eine flache Form legen.

2 Für die Marinade den Dill waschen. Die Blättchen abzupfen und sehr fein hacken. Die Pfefferkörner in einem Mörser grob zerstoßen.

3 Zucker, Salz, Pfeffer und Dill mischen und den Lachs rundum damit einreiben. Den Lachs mit Klarsichtfolie bedecken. Ein Brett darauf legen und beschweren (beispielsweise mit großen Konservendosen).

4 Den Lachs 1–2 Tage im Kühlschrank marinieren, dabei öfters wenden.

5 Vor dem Servieren für die Sauce den Dill waschen. Die Blättchen abzupfen und fein hacken. Süßen Senf, scharfen Senf, Essig, Öl und Dill verrühren.

6 Den Lachs schräg zur Faser in dünne Scheiben schneiden. Die Sauce getrennt dazu reichen. Dazu schmeckt knuspriger Toast.

Spezialität aus Skandinavien

Zutaten für 6–8 Personen:

1 kg frischer Lachs

Für die Marinade:
3 Eßl. Öl
4 Bund Dill
3 Eßl. weiße Pfefferkörner
3 Eßl. Zucker
3 Eßl. Salz

Für die Sauce:
2 Bund Dill
2 Eßl. süßer Senf
2 Teel. scharfer Senf
3 Eßl. Essig
200 ml Öl

Zubereitungszeit:
etwa 30 Minuten (plus 1–2 Tage Marinierzeit)

Haltbarkeit:
zugedeckt im Kühlschrank bis zu 1 Woche

WEDNESDAY
THE

1 Frische Himbeeren waschen, tiefgekühlte auftauen lassen. Einige Beeren zum Garnieren beiseite legen. Die restlichen Beeren mit dem Himbeergeist und 50 g Zucker mischen und ziehen lassen.

2 Inzwischen die Vanilleschote aufschlitzen und das Mark herauskratzen. Die Milch mit der Vanilleschote und dem Mark langsam aufkochen lassen. Die Eigelbe und den restlichen Zucker mit den Schneebesen des elektrischen Handrührgerätes cremig schlagen. Die Vanilleschote aus der Milch nehmen. Die heiße Milch langsam unter die Eiercreme rühren. Die Gelatine in kaltem Wasser etwa 5 Minuten einweichen.

3 Die Eiermasse in einen Topf füllen und unter Rühren einmal aufkochen lassen, die Creme sollte dickflüssig sein. In der heißen Creme die gut ausgedrückte Gelatine auflösen. Die Creme abkühlen lassen und kalt stellen, bis sie zu gelieren beginnt, das dauert normalerweise 10–15 Minuten.

4 Die Sahne steif schlagen und gründlich unter die Eiercreme heben.

5 Die Kuchenscheiben oder die Löffelbisquits abwechselnd mit den Himbeeren und der Creme in eine Schüssel oder hohe Auflaufform schichten. Die oberste Schicht sollte Creme sein. Den Trifle mindestens 3 Stunden, am besten über Nacht, kalt stellen. Vor dem Servieren mit Himbeeren und Sahne garnieren.

Varianten
Anstelle der Himbeeren können Sie jede andere Beerensorte oder eingemachte Kirschen nehmen.

Tip
Wenn es schnell gehen muß, einfach einen fertigen Vanillepudding aus dem Glas nehmen, geschlagene Sahne unterheben und wie die Creme verwenden.

Spezialität aus England

Zutaten für 6–8 Personen:

750 g frische oder tiefgekühlte Himbeeren
6 cl Himbeergeist (ersatzweise Fruchtsaft)
200 g Zucker
1 Vanilleschote
3/4 l Milch
7 Eigelb
6 Blatt weiße Gelatine
200 g Sahne
200 g Sandkuchen in Scheiben oder 200 g Löffelbisquits

Zubereitungszeit:
etwa 40 Minuten (plus mindestens 3 Stunden Kühlzeit)

Haltbarkeit:
im Kühlschrank 2 Tage

Was Sie vorbereiten können

2 Tage vorher
• Den Graved Lachs zubereiten und durchziehen lassen.

1 Tag vorher
• Die Saltimbocca braten und über Nacht zugedeckt im Kühlschrank ziehen lassen.
• Griechischer Bauernsalat: Den Salat putzen, waschen und locker in eine Plastiktüte geben.

Was sonst noch dazu paßt

• Euro-Käseplatte: Stellen Sie eine internationale Käseplatte zusammen. Manchego aus Spanien, Emmentaler aus der Schweiz, Schafkäse aus Griechenland, Gorgonzola aus Italien, Camembert aus Frankreich, Gouda aus Holland, Butterkäse aus Deutschland.
Die Käseplatte mit einer schönen Weintraube garnieren.

Den Käse bis zu 1 Stunde vor dem Servieren aus dem Kühlschrank nehmen, damit er sein Aroma gut entwickeln kann. Dabei mit einem feuchten Küchentuch oder einer Käseglocke abdecken, damit er nicht austrocknet.

• Brot aus verschiedenen Ländern: Knäckebrot aus Schweden, Baguette aus Frankreich, Bauernbrot aus Deutschland, Vollkornbrot aus Finnland, Landbrot aus der Toskana, Fladenbrot aus Griechenland.

Süß-saure Matjes aus Skandinavien
8–10 Matjes in breite Stücke schneiden und in eine Schale legen. 3 rote Zwiebeln schälen, halbieren und in Halbringe schneiden. Mit 1 Teelöffel Pfefferkörnern, 2 Gewürznelken, 2 Lorbeerblättern, 3/8 l Rotweinessig und 200 g braunem Zucker aufkochen lassen. Den Sud etwa 5 Minuten köcheln lassen und lauwarm über die Matjes gießen. Über Nacht im Kühlschrank ziehen lassen.

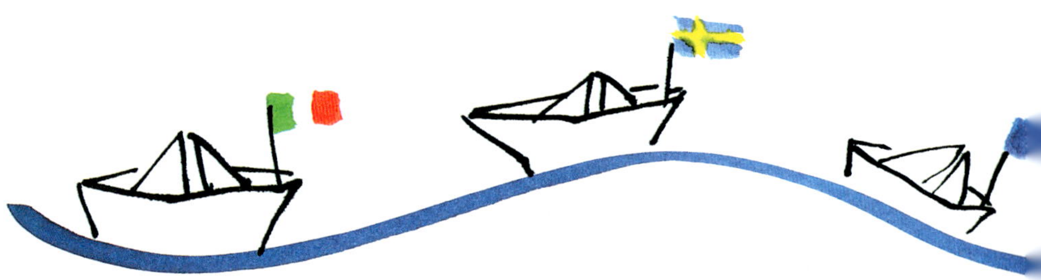

Kaffee- und Teespezialitäten

• Espresso und Cappuccino aus Italien, Café au lait aus Frankreich, Wiener Melange (Kaffee mit Milch und Sahnehäubchen). Wenn Sie keine Espressomaschine mit Dampfdüse haben (für das typische Milchschaumhäubchen auf dem Cappuccino): Milch in einem kleinen Töpfchen erhitzen und dabei mit dem Schneebesen schaumig schlagen.

• Für Freunde feiner Tees: Verschiedene Teesorten wie Darjeeling, Assam, Earl Grey, Kräutertee und eventuell auch grünen Tee anbieten. Dazu Sahne, Zitrone und Kandiszucker reichen.

Schmücken und dekorieren

• In Partyshops gibt es kleine Papierflaggen, die Sie auf die verschiedenen Speisen und Käsesorten stecken können.
• Originelle Sets für den internationalen Frühstückstisch: Im Copyshop eine Europakarte für jeden Gast im DIN-A3-Format kopieren.
Eine andere Idee, von der Europaflagge inspiriert: Den Tisch mit blauer Lackfolie (gibt's im Dekoladen) decken, darauf einen Kranz aus Selbstklebesternen anordnen.

Kleine Mengenlehre

Die Rezepte in diesem Buch sind so berechnet, daß Sie die angegebene Personenzahl sattbekommen, wenn Sie alle Gerichte eines Kapitels nachkochen. Ist Ihnen das zu aufwendig, können Sie natürlich auch ein Gericht weglassen und dafür von einem anderen die doppelte Menge zubereiten.

Die Rezepte eines Kapitels sind optimal aufeinander abgestimmt. Natürlich können Sie aber auch Gerichte aus verschiedenen Kapiteln miteinander kombinieren, achten Sie aber darauf, daß die Menge für Ihre Gästezahl stimmt. Kalkulieren Sie lieber reichlich: vielleicht zieht sich der Brunch in die Länge oder es kommt noch ein spontaner Gast dazu. Bei den meisten Rezepten steht, wie lange das Gericht etwa haltbar ist, damit Sie wissen, ob Sie Reste aufbewahren können.

Was Sie darüber hinaus noch brauchen und wieviel Sie davon kaufen sollten, finden Sie in der folgenden Aufstellung.

Getränke

Rechnen Sie pro Person etwa 1/4 l Saft und mindestens 1/2 l Tee, Kaffee oder Kakao. Vor allem wenn es heiß ist, sollten Sie darüber hinaus noch genügend Mineralwasser gegen den Durst bereitstellen. Servieren Sie den Erwachsenen auch alkoholische Getränke, dann rechnen Sie etwa zwei Gläser pro Person (etwa 1/4 l).

Brot und Gebäck

Bieten Sie passend zu den Gerichten eine Auswahl verschiedener Brotsorten an: Vollkornbrot, Bauernbrot, Baguette, Brötchen, Croissants. Wenn Sie auch etwas Süßes anbieten wollen, eignet sich ein gerührter Kuchen oder Kleingebäck.

Rechnen Sie mit zwei bis drei Brötchen oder Brotscheiben und einem oder zwei Kuchenstückchen pro Person.

Honig, Marmelade oder Butter

Schön ist eine kleine Auswahl verschiedener Konfitüren, am besten selbstgemacht: beispielsweise fruchtige Beerenkonfitüre, englische Orangenmarmelade und eine Konfitüre aus exotischen Früchten wie Kiwi, Mango oder Ananas. Stellen Sie noch zwei verschiedene Sorten Honig dazu, beispielsweise zarten Blütenhonig und kräftigen Waldhonig. Natürlich darf auch frische Butter nicht fehlen: rechnen Sie etwa 50 g pro Person.

Wurst und Käse

Zusätzlich zu den Gerichten können Sie noch Wurst- und Käseplatten reichen. Stellen Sie dafür verschiedene Sorten zusammen. Eine Platte mit milden bis würzigen rohen und gekochten Schinkensorten paßt praktisch zu jedem Anlaß. Wenn es etwas herzhafter sein darf, können Sie kräftige Salami oder Leber- und Mettwurst anbieten. Garnieren Sie die Platten mit kleinen Gürkchen, Cocktailtomaten oder knackigen Radieschen.

Eine Käseplatte sollte aus vier bis fünf Sorten bestehen: variieren Sie milde und kräftige, weiche und schnittfeste Sorten. Garnieren Sie die Platte mit blauen oder weißen Trauben, auch Birnen schmecken sehr gut dazu.

Sowohl von der Wurst wie auch vom Käse müssen Sie 100 bis 150 g pro Person einplanen.

Müsli und Frühstücksflocken

Stellen Sie eine Auswahl an Müsli-Mischungen, Cornflakes, Getreideflocken, Sonnenblumenkernen und Nüssen bereit. Dazu frisches, kleingeschnittenes Obst, einen Krug Milch und Natur- oder Fruchtjoghurt, dann kann sich jeder Gast sein Müsli selber mischen. Pro Person brauchen Sie 4–5 Eßlöffel Müsli und 3–4 Eßlöffel frische kleingeschnittene Früchte.

FÜR SIE EXTRA

DAS AKTUELLE PROGRAMM

von FÜR SIE bietet die ganze Bandbreite der beliebtesten Zeitschriftenthemen:

KOCHEN
DEKO
FIT & SCHÖN

Die besten Rezepte, die schönsten Deko-Ideen, tolle Tips zum Abnehmen und für die gesunde Ernährung – mit vielen anregenden Fotos, bunt, modern, kompetent und immer aktuell.

Absolute Bestseller zum sensationellen Preis! Zum Verschenken oder Für-sich-selber-kaufen: die Ratgeber von FÜR SIE sind ideale Begleiter durchs ganze Jahr!

Redaktion: Claudia Daiber, Sabine Sälzer
Redaktion der *FÜR SIE*-Ausgabe: Claudia Bruckmann
Layout: Marcus von Hausen
Produktion: Eva Hehemann
Produktion der *FÜR SIE*-Ausgabe: Bettina Fäth
Satz und Herstellung: Kathrin Hälbich
Fotos: Riki Breu
Zeichnungen: Irmgard Hesse
Titelfoto: Reiner Schmitz
Umschlaggestaltung: Kraxenberger KommunikationsHaus
Reproduktion: Fotolitho Longo, Bozen
Druck und Bindung: Kaufmann, Lahr

Printed in Germany
ISBN 3-7742-4080-9

Auflage	5.	4.	3.	2.	1.
Jahr	2003	2002	2001	2000	99

Cornelia Adam
verbrachte nach der Ausbildung zur Hotelfachfrau mehrere Jahre im Ausland. In England, Frankreich, der Schweiz und in Spanien lernte sie die Landesküche kennen. Nach diesen Auslandsaufenthalten arbeitete sie erst in der Versuchsküche und dann als Redakteurin bei einer bekannten Frauenzeitschrift. Seit Jahren ist sie freie Foodjournalistin und erfolgreiche Kochbuchautorin.

Riki Breu
hat sich nach intensiven Auslandsreisen und einigen Jahren Modefotografie im eigenen Madrider Studio ganz auf Food, Stillifes und Werbung spezialisiert. Im eigenen Düsseldorfer Studio entstanden die Fotos für dieses Buch, das Foodstyling übernahm Jutta Deutscher.

Irmgard Hesse
studierte an der Fachhochschule München Kommunikations-Design und ist seit 1992 freiberuflich als Grafik-Designerin mit eigenem Gestaltungsbüro tätig. Neben Illustrationen entstehen in Teamarbeit mit den Kollegen unter dem Namen „Zeichen & Wunder“ vielfältige Arbeiten für Arbeitgeber aus Wirtschaft und Kultur. Das Spektrum reicht von der Briefmarke über Plakate und Broschüren bis zur grafischen Gestaltung von Messeständen.

Titelfoto:
Bei einem Brunch kommt es auf die richtige Mischung an: ob deftig mit Putenröllchen mit Pesto, erfrischend mit würzigem Quark, süß mit Blaubeerpfannkuchen oder klassisch europäisch mit Käse und Brot – die Abwechslung zählt.